语文课本作家作品系列

铺满金色巴掌的水泥道

张秋生作品集

张秋生 著

北方妇女儿童出版社

·长春·

图书在版编目（ＣＩＰ）数据

铺满金色巴掌的水泥道 : 张秋生作品集 / 张秋生著
. -- 长春 : 北方妇女儿童出版社, 2020.7
（语文课本作家作品系列）
ISBN 978-7-5585-4536-8

Ⅰ.①铺… Ⅱ.①张… Ⅲ.①阅读课 – 小学 – 课外读
物 Ⅳ.①G624.233

中国版本图书馆 CIP 数据核字 (2020) 第 123357 号

铺满金色巴掌的水泥道 : 张秋生作品集
PUMAN JINSE BAZHANG DE SHUINI DAO: ZHANGQIUSHENG ZUOPIN JI

出 版 人	刘　刚
策 划 人	师晓晖
责 任 编 辑	张　丹　国增华
开　　本	920mm × 1300mm　1/16
印　　张	9
字　　数	121千字
版　　次	2020年7月第1版
印　　次	2020年7月第1次印刷
印　　刷	武汉福海桑田印务有限责任公司
出　　版	北方妇女儿童出版社
发　　行	北方妇女儿童出版社
地　　址	长春市龙腾国际出版大厦
电　　话	总编办：0431-81629600
	发行科：0431-81629633

定　　价　16.80元

陪我们长大的课本作家

跟语文课本主编崔峦老师聊天的时候，他抛出了一个令人深思的观点——如今的作文内容，很多时候都不是孩子们的真实经历或真情实感。只要是让孩子们记一件好事，那么全国就会有70%的孩子在忙着扶老奶奶过马路。

听到这里，我还开玩笑地说，当天估计全国的老奶奶加起来也不够用。

三十年前的作文和三十年后的作文，除了增加一些新奇的网络用语之外，孩子们写作的水平，似乎没有太大差别。为什么呢？因为事务繁多的一线老师们，大部分根本没有时间去好好研究写作和作文课。

因此，我们今天的作文教学还是在依赖背诵好词好句，抄作文大全。

好的苗头有一些了——似乎很多家长和老师都开始意识到，阅读是写作的命脉，想要提升作文，首先要解决的是阅读。所以家长和老师们只要谈到阅读，就千篇一律地给孩子们买四大名著和世界名著，不管孩子们喜欢不喜欢，反正是好书就逼着读呗，读了就肯定有所收获。

另一部分家长比较开明，觉得应该让孩子来自行选择要阅读的书籍，毕竟兴趣是最好的老师。因此，孩子就一头扎进各种漫画和离奇小说里，读得废寝忘食，但作文成绩丝毫没有进步。

于是，就有无数的家长提出了同样的问题：为什么我的孩子读了很多书，作文成绩还是没有进步？

因为大部分的孩子，都是在做无效的阅读。对于那些还不具备文学鉴赏能力的孩子来说，并非所有图书都是好书。

作文不是一个单一的科目，它几乎代表了整个语文。它考验的不仅仅是孩子书写的能力，更是在考验着孩子是否养成了语言的逻辑、独立的思维。

很遗憾，因条件受限我没有上过幼儿园，我所接触的第一篇正式课文我今天依然记得，那是我小学的语文老师周老师教我的"一片一片又一片，两片三片四五片，六片七片八九片，香山红叶红满天"。

三十年过去了，这篇启蒙课文和其他的课文一样，依然深深扎在我的心里，无法抹去。课文对于我来说，不仅仅是一篇简单的文章和应试的需求，更是童年成长的精神食粮。

而有多少孩子像我一样呢？会读课文，会背课文，喜欢课文，却对课文的作者一无所知。甚至，都记不住那个在课文下方横线栏里的作者名字——因为缺乏更多的信息去支撑我们对这个名字的记忆。

课文作者这个称谓，对于我们来说，是一个既高级又陌生的概念。

当我一次次走上讲台，面对着越来越多的孩子和他们提出的问题时，我才知道他们和当年的我一样，对课文作者有着深深的好奇。

这些作家都在哪里呢？他们几岁了？都还活着吗？他们是怎么写出这么好的文章的？……

他们的问题，和他们的头发一样多；他们的用词，和我今天的信件一样冒昧和大胆。

孩子们稀奇古怪的提问总是给我动力，促使我去做功课，去一步步通过网络和书本的方式，走近课文作者。越是走近他们，我的内心越是充满着敬畏。

很多课文，几十年过去了依然还在课本里。它们所影响的，已经不是几个孩子，而是中国的几代人。

每一次课本的改版，都是中国语文教育的变革。每一篇看似简短的课文，都曾面对过无数专家的评选。

既然孩子们缺乏鉴赏文学作品的能力，不知道该去读什么书，那为什么我们不能把已经接受过重重检阅的课本作家从严肃的课堂里，引导至活泼的课堂外呢？让孩子们在课内学习课本作家的短文，课外阅读课本作家的其他作品，课里课外全面互补，读写结合，相得益彰，岂不更好？

这个大胆的念头，促使我们开始了这套丛书的编选工作。我们一个年级一个年级地去挑选课本作家的作品，力求在展示作家经典作品的同时，贴合孩子的实际需求，符合其年龄的成长规律，争取让每一位读者都读有所获，开卷有益。

这些陪我长大的课本作家，给我的成长带来了营养和快乐，他们是我人生路上的良师，改变了我的一生。今天，他们依然还在影响着中国的无数孩子。希望他们的文字可以陪伴更多的孩子快乐成长！

李兴海

2020 年 5 月 18 日

作者生平

张秋生，中国著名儿童文学家。曾就读于上海第四师范学校。1958 年开始发表儿歌、儿童诗，1983 年加入中国作家协会。曾出版儿童诗集《"啄木鸟"小队》《校园里的蔷薇花》《三个胡大刚的故事》《爱美的孩子》《燃烧吧，篝火》，童话诗集《小猴学本领》《小粗心奇遇》《天上来的百兽王》，童话集《小松鼠和他的伙伴们》《小巴掌童话百篇》《来自桦树林的蒙面盗》《狮子和老做不醒的梦》等。作品曾获得全国优秀儿童文学作品奖、宋庆龄儿童文学奖、冰心图书新作奖、陈伯吹儿童文学奖、张天翼童话寓言奖、全国叶圣陶奖等。

作品简介

《铺满金色巴掌的水泥道》是张秋生散文的代表作，讲述了一夜秋风，一夜秋雨后，"我"无意中发现上学路上法国梧桐和水泥道的变化，然后开始观察，发现铺满金色巴掌的水泥道很美的故事，表现了"我"对铺满金色巴掌的水泥道的喜爱之情。

本书还收录了张秋生的其他经典作品，有用细致的笔触描摹的森林、海边景致，有纯真又童趣的动物故事，还有生活在我们身边的人和事。语言轻盈优美，叙述细腻感人，作者赋予了大自然和各种动物以人格，拉近了读者与大自然和各种动物的距离，十分具有感染力。

作品艺术特色

张秋生的作品很适合儿童阅读，无论是他的散文还是童话，都显得精短而灵巧，充满诗意、风趣、幽默，又蕴含哲理，藏着孩子们的爱、快乐和智慧。

这些作品像天上的星星，指引着小读者寻找美好，又像是地上的青草，抚慰着小读者的心灵。张秋生的作品想象天马行空，语言清新雅致，意境如诗如画，能够让小读者在阅读中感受到快乐、温暖与智慧。

各界评论

几十年来，张秋生老师栽种、浇灌着他的童话树。枝繁叶茂的树上，每一片叶子都像个可爱的小巴掌。

——周锐

读张秋生的童话，谁也分不清，他究竟写的是童话，还是诗。他随随便便写出来的诗，就是一则丽质天然的童话；他有意无意地喷洒出来的童话雨，从其本质上看，还是一首首使人赏心悦目的诗。

——圣野

目 录 CONTENTS

铺满金色巴掌的水泥道

一夜秋风，一夜秋雨。

我背着书包上学去的时候，天开始放晴了。

啊！多么明朗的天空。

可是，地面上还是潮湿的，不时还能看见一个亮晶晶的水洼，映着一角小小的蓝天。

道两旁的法国梧桐树，掉下了一片片金黄金黄的叶子。

这一片片闪着雨珠的叶子，一掉下来，便紧紧地粘在湿漉漉的水泥道上了。

我走在院墙外的水泥道上。

水泥道像铺上了一块彩色的地毯，这是一块印着落叶图案的、闪闪发光的地毯，从脚下一直铺到很远很远的地方，一直到路的尽头……

每一片法国梧桐树的落叶，都像一个金色的小巴掌，熨帖地、平展地粘在水泥道上。它们排列得并不规则。相反，很凌乱。然而，这更增添了水泥道的美。

我一步一步小心地走着，我一片一片仔细地数着。我穿着一双棕红色的小雨靴。你瞧，这多像两只棕红色的小鸟，在秋天金黄的叶丛间，愉快地欢跳着、歌唱着……

要不是怕上课迟到，我会走得很慢很慢的。

一夜秋风，一夜秋雨。

当我背着书包上学的时候，我第一次觉得，门前的水泥道真美啊！

路　牌

走在路上，我喜欢看路牌。

这块路牌，告诉我去幼儿园怎么走。

那块路牌，告诉我去外婆家的方向。

还有一块我喜欢的路牌，告诉我去公园的路……

有一次，我问一块路牌："去童话王国的路怎么走，你知道吗？"

那块路牌笑了。

他说："去童话王国的路，不能一直走，要拐弯，拐弯，再拐弯……在每一个拐弯口，都会有新奇的故事；在每一个拐弯口，你都能找到真诚的朋友……最后，你就能到达童话王国。"

我说："谢谢你——路牌！"

鲸和小鱼

大海里，一条鲸在游。

鲸的个子很大很大，像一艘大轮船那么大。

他游过一个小岛时，碰到一条小鱼。

小鱼很小很小，像一片小小的树叶子一样小。

小鱼问鲸:"你会欺侮我吗?"

鲸说:"才不呢,我喜欢和小鱼交朋友。"

小鱼和鲸成了好朋友。

小鱼问鲸:"我们来玩藏猫猫,好吗?"

鲸说:"不行。你在海草里一藏,我就看不见你了,可是我怎么藏起来呢?哪儿也藏不下我。"

后来,鲸和小鱼玩讲故事比赛。

鲸讲了个很长很长的故事,小鱼很爱听。

小鱼讲了一个很短很短的故事,鲸也很爱听。

大树说,下雨的时候

晴天里,一朵小蘑菇向草地上的那棵大树说:"大树先生,下雨天你在干什么?"

大树说:下雨的时候,我的叶片在洗澡。

我让雨点淅沥沥、沙啦啦,把每张叶片都冲一冲,洗一洗,让每片叶子都变得光亮亮、油绿绿的。

大树说:下雨的时候,我伸展每一根枝条和每一片叶子来挡雨。

我不让雨点冲走藏在叶尖深处的小鸟的巢,也不让雨点灌进小松鼠的洞里去。

大树说:下雨的时候,我在练习数数。

滴答,滴答,滴答,我一五一十地数着,我身上落下过多少晶亮晶亮的小雨点。

大树说:下雨的时候……

外婆家的小狗狗

每次回家乡，爸爸妈妈总是带我乘船去的。

我最爱坐在船舱里，望着窗外的一座座青山。我熟悉家乡河两岸的青山。

瞧，这座山多像骆驼啊，它叫骆驼山。过了骆驼山，就是大象山，过了大象山，就是老人山。老人山就像外公站在江边，盼我快点来到他身边呢！

过了老人山，就是仙女峰。仙女峰真像是一位美丽的仙女。过了仙女峰，就是狗狗山了。这是我给这座小山起的名字。

小山挺像外婆家养的一条小狗狗。

狗狗是我小时候的好朋友。

过了狗狗山，快到外婆家了。

那么多的日子没回家，我还能认出外婆家的狗狗吗？外婆家的狗狗呢，你还能认出我来吗？我现在再也不是那个要外公背着、要外婆抱着的小胖娃娃了。

我长成了一个挺懂事的大男孩。

瞧着船舱外的狗狗山，我说："外婆家的小狗狗，你还能认出我来吗？"

太阳·绿树·蘑菇

下雨了。

雨下得细细密密、淅淅沥沥的。

爸爸、妈妈和我一起出门，我们每个人都撑着一把伞，雨天里晃动着两把大大的伞，一把小小的伞。

爸爸的伞是红色的，像一轮红日行走在大街上。妈妈的伞呢，是翠绿翠绿的，像一棵可爱的树呢。雨中的树多绿、多亮、多美丽啊！

我的小伞是白色的。

我像一朵白白的、嫩嫩的小蘑菇吗？

我们一家撑着伞，走在街上——

雨点渐渐地小了，天开始放晴了。你瞧我家门前的街上，红红的太阳照着绿绿的树，绿绿的树下有着一朵白白的小蘑菇……

弹 琴

窗下，有一块神奇的土地。

还有两群聪明的、惹人喜爱的小调皮。

每一群小调皮有五个，高高矮矮。

他们在黑的和白的土地上跳跃，一会儿雄壮有力，一会儿轻盈温柔。

于是，有了进行曲；

于是，有了摇篮曲……

跳啊，快乐的小调皮，在这黑的和白的土地上，跳出一串串动听的乐曲，回荡在绿叶间，洒落在花丛里。

苦苦的野菜汤

外婆带我到田间挖野菜。

外婆告诉我："小冬冬，你瞧，这是野荠菜，这是马兰头，这是可以拌豆腐的野葱，这是可以晒成菜干包饺子的马齿菜……"

我说："外婆，我真爱吃你烧的野菜，香喷喷的荠菜，用芝麻油拌的马兰头，还有用马齿菜包的饺子……"

外婆笑了，不过她在微笑时含着泪花。外婆说，她小时候吃的野菜不是用香喷喷的油炒的，也没有芝麻油来拌小葱豆腐、拌马兰头，更没有面粉来包饺子。那时候，把野菜放在清水里煮一煮……

外婆的童年，是喝着野菜汤长大的。

我对外婆说："外婆，今天回去，你也把野菜放在清水里煮一煮给我吃好吗？"

我要尝尝外婆童年时常吃的，苦苦的野菜汤。

高原上的葡萄

爸爸带我来到高原上的葡萄园里。

那一排排葡萄棚真美丽。在碧绿碧绿的叶丛中间，藏着一串串碧绿碧绿的葡萄。

阿依古丽姐姐摘了一串葡萄给我吃。

啊，每一颗葡萄都是那样甜，那样清香。难怪爸爸说："用这葡萄酿成的酒是很醉人的。"

我问阿依古丽姐姐，这葡萄为什么这样甜？

姐姐说："这是用天山上融化的雪水浇灌的啊！"

"这是用白雪融化的水浇灌的？"我瞧着远山上的白雪，又瞧瞧沟沟渠渠里流动着的像银子一般闪亮的水说，"这水都是从雪山上流淌下来的吗？"

阿依古丽姐姐叫我尝尝就知道了。

我从渠里掬上一捧水放在嘴边喝了。啊，好凉快。真的，我从这水里喝出了雪花的滋味、阳光的滋味、白云的滋味、奇花异草的滋味……

哦，我也快变成一颗甜甜的葡萄了！

晚餐后，月亮升起在树丛间

晚餐后，月亮升起在树丛间。

她默默地注视着我们全家。

爸爸在沙发上看报。

妈妈提着洗净晾干的衣服。

我给爸爸妈妈送上一杯热茶，送上一盘洗干净的紫色葡萄。

晚餐后，月亮升起在树丛间。

她默默地注视着我们全家。

我走到钢琴边，轻轻翻开琴盖。

我灵巧的手指，在钢琴的键盘上跳舞，它在倾诉着我对全家的爱——

我弹着莫扎特的小夜曲。

我弹着巴赫的小步舞曲。

我还弹奏着前不久，我从唱片上学来的歌《我的家》，我轻轻哼唱着："家啊，我可爱的家……"

晚餐后，月亮升起在树丛间。

她默默地注视着我们全家。

当妈妈拉开窗帘的时候

每天，当妈妈拉开窗帘的时候——

我说：电影开场喽！

是的，电影开场了。

我看见窗外的大树在向我招手，我看见树上的小鸟在枝头蹦着、跳着，唱着好听的歌。

我看见太阳从远处升起，把金色的阳光到处涂抹，把每家每户的窗子都映得亮晶晶的。

我还看见，一群像我这样大的娃娃，跟在叔叔阿姨后面练跑步，他们像是奔跑在林荫道上的一群快乐的鹿。

于是，我回过头来，对妈妈说："妈妈，我也要跑到电影里去！"

妈妈打开门，笑了。

每天，当妈妈拉开窗帘的时候——

我说：电影开场喽！

轻轻摇啊，小摇篮

我们家的墙角里，放着一只有趣的小摇篮。小摇篮里铺着软软的褥子，还有一只漂亮的绣着小熊的枕头。

我用手轻轻一推，小摇篮就左右摇摆起来。

妈妈说我小时候就睡在这只小摇篮里。

我说："怎么可能呢？小摇篮里装得下我吗？"

妈妈笑了，她说我生下来时才那么一点点大，摇篮怎么会装不下呢？妈妈告诉我，那时我睡在摇篮里，她不断地唱着歌谣，讲着故事，把我一点点摇大。

我怎么也想不起来，我曾经睡在摇篮里；我怎么也想不起来，妈妈给我唱过什么歌谣，讲过什么故事。

直到有一天，我把家里养的小狗放进摇篮里，我轻轻地摇啊，摇着这只小摇篮。

摇着，摇着，我都想起来了，想起我睡在摇篮里，不肯闭上眼睛的模样；想起了妈妈轻轻地摇着我，给我唱过的好听的歌谣，给我讲过的有趣的故事……

我家的小男孩熊

你家里有小熊吗？

我家有只小布熊，那是一只挺漂亮、挺神气的小布熊。

每次，小布熊身上弄脏时，我会把他放进洗衣机里洗一洗，再用一只大夹子，把他夹在阳台的绳子上，让暖暖的太阳把他晒干。

我把洗干净的小布熊放进玩具橱里时，我会在他身上喷一点妈妈用的香水，让他变得香喷喷的。

有一天，小布熊生气地对我说："好朋友，你别忘了，我像你一样是个小男孩，我是一个小男孩熊！"

从此，我洗干净小布熊后，再也不往他身上喷香水了。

我会把他放在玩具橱里的那只小足球旁边，小男孩熊抬头望着我，他笑得很神气，很自豪。

我的小布熊，是一只顶呱呱的小男孩熊。

调皮的海浪和调皮的男孩

海岸是很高的。

你见过吗？那是用很坚固的岩石垒成的。

海水涨潮了。

一个个调皮的海浪使劲地奔跑着，越跑越快，越蹦越高。风姐姐看得乐了，高兴得直拍手。

海浪又一次冲了过来，风姐姐推了他一把，他一下子跳了起来："啊，看见了，看见了，我看见海岸边上的高楼了，多么好看的高楼，多么好看的亮晶晶的窗户……"

海浪又一次冲了过来，风姐姐又推了他一把，海浪跳得更高了："啊，看见了，看见了，我看见城市的马路了，多么宽、多么长的马路啊！"

海浪又一次冲了过来，风姐姐又使劲推了他一把，海浪拍到了海岸上，浪花溅开来："啊，看见了，看见了，我看见两个浑身湿淋淋的穿裤衩的小男孩在叫着：'涨潮，涨潮，海水给我洗澡！'真好玩！"

海浪高兴得不得了，他使出更大的劲，在风姐姐的帮助下，冲得更高了，这次，他看见什么了呢？

——他怎么不响了呢？

对了，他看见两个小男孩的妈妈来领他们回去了，妈妈说："玩够了，该回家了……"

是啊，玩够了，该回家了。

调皮的海浪也跟着海妈妈回家了。

哦，细雨蒙蒙

哦，细雨蒙蒙。蒙蒙的细雨，洒落在叶丛间、河面上，洒落在每一个花瓣上，也洒落在我的头发上、手心里。

因为我收起了小花伞。

那么温柔的雨，我为什么要用伞来挡住她呢？我就是小树，我就是花瓣，我就是一条欢快的小溪。喜爱雨，我张开双臂迎接这蒙蒙细雨！

我问小树，我问小河，我问每一朵小花，是什么哺育着你们成长呢？是谁在关怀和爱护着你们呢？他们说："是太阳，是雨露，是大地。"

他们也问我："是谁哺育着你这个活泼的调皮的小姑娘呢？"

我说："是妈妈的爱，爸爸的关心，还有你们。

——小河给我送来甜甜的水，送来鱼和小虾；

——小树给我结出甜甜的果子；

——花儿派小蜜蜂给我送来花蜜。"

"大自然，像爸爸妈妈一样，关怀和哺育着我成长。"

"我爱大自然！"

给啄木鸟的礼物

三片绿叶手臂挽着手臂。

在他们的身后藏着一个秘密，一个谁也不知道的秘密。

一只狐狸走来，他擦擦眼睛说："我怎么刚才看见一道红颜色？"

绿叶们说："什么红颜色，只不过是蜥蜴伸了伸舌头。"

一只黄鼠狼走过，他伸长脖子说："我怎么看见一道红光？"

绿叶们说："那是朝霞在露珠上的反光！"

一只啄木鸟飞来，她喘一口气说："我给五棵树治了病，累得眼睛也花了，怎么我好像看到一点红颜色？"

这时，三片绿叶松开了手臂，在他们的身后藏着一颗红红的草莓，一颗像红宝石一样的草莓。

绿叶们说："这是我们给啄木鸟医生的礼物！"

爱写诗的小螃蟹

海边，有一只小螃蟹。

这只孤独的小螃蟹非常爱写诗。

他每天在沙滩上写了一行又一行的诗，然后轻轻地吟诵着它们。

他问一阵吹来的风："我的诗写得好吗？"

风一使劲，就把他的诗全吹掉了。

小螃蟹继续写他的诗。

他问一只顽皮的海龟："我的诗你喜欢吗？"

海龟用自己的肚子当橡皮擦，把他辛辛苦苦写的诗全擦掉了。

小螃蟹还是坚持写他的诗。

他问涌来的海浪："你能读读我写的诗吗？"

海浪没有读完就说："算啦，算啦……"把他的诗全冲走了。

小螃蟹很伤心，他流下了咸涩的泪。

这时，有一只白头翁飞过。

白头翁嘴里唱着的，正是小螃蟹写下的诗。

原来，白头翁每次飞过海滩时，总是认认真真地读小螃蟹写下的诗，她还把它们记在心里，并告诉她的很多朋友。

沙滩上早就没有了这些诗篇，可它们留在了白头翁和她的朋友的歌里。

不知为什么，这次小螃蟹又哭了，不过他哭得很开心。

梦的大树

深夜，带上心爱的图书。

我用好心情编造一架绳梯，用想象搭起木屋，用爱心做窗户，我在梦的大树上，建一间温馨的童话小屋。

翻开书本，书页里的熊来了，河马来了，星星来了，胖胖鳄鱼和机器人也都来了……

我们用月光泡茶，用树叶的沙沙声做成甜食。我们轻声谈笑，时而倾听树上喜鹊太太的蛋正在爆裂，小小鸟探出头来，发出第一声欢叫；时而倾听，月亮在悄悄地移动脚步……

深夜，带上心爱的图书。

躲在梦的大树上，我和童话中的朋友相会。

没有脑袋的鸟

一只白鹭在浅浅的池水中站着。

一只小刺猬走过，他说："天哪，这只白鹭怎么没有脑袋？"

"真的！"一只小鼹鼠也叫了起来，"没有脑袋的鸟，我第一次看到！"

"假如我没有了脑袋就不能活了！"小刺猬说。

"是啊，可这只鸟还能站着不动，真了不起！"小鼹鼠说。

这时，白鹭从她那翅膀底下，伸出了长脖子，长脖子上长着一颗好端端的脑袋。

白鹭笑着说："我是把脑袋钻进翅膀底下，梳理梳理羽毛，我怎么是没有脑袋的鸟呢？"

小刺猬和小鼹鼠都笑了，他们说："是我们没有用脑袋好好想一想，对不起，白鹭姐姐！"

夕阳与大海

夕阳映照在海面上。

海面闪烁着一条黄金般的大道。

几条小鳕鱼在金灿灿的海水里跳跃，他们呼喊着："妈妈，你来看，夕阳多好啊，她有多么美丽的色彩，真让人陶醉，她比大海美多了，大海多单调啊！"

鳕鱼妈妈笑了，她说："没有大海的映衬，夕阳能有这么美吗？"

小鳕鱼们不好意思了，他们对大海说："对不起，大海妈妈，你也是很美的，因为有了夕阳的映照，你更美了。"

大海一直沉默着。

她又温和，又宽厚，她怀里有海浪，有鳕鱼，有夕阳的倒影，还有许多，许多……

小 青 蛙

一只小青蛙。

他从一片小荷叶上，一使劲跳到了岸边。草丛里窸窸窣窣响，一只小螃蟹探出头来说："是谁啊，把我吓了一跳。"

小青蛙说："我也不知道我是谁，妈妈叫我小青蛙。"

"是小青蛙吗？"小螃蟹自言自语，"小青蛙我是知道的，他有一双了不起的腿，一蹦能蹦很远。他还爱捉害虫，还爱护庄稼……"

"啊，那么说我真是一只小青蛙。"小青蛙高兴地说，"我的腿多有劲。瞧，刚才我从那么远的荷叶上跳过来，在荷叶上还抓了五只小害虫吃了；昨天我在田里还扶起一棵倒下的庄稼呢……"

"呱呱呱，我是一只小青蛙！"小青蛙快乐地唱了起来。

"你真是一只小青蛙，连歌声也是的。"小螃蟹高兴地说。

邻 居

你会有很多很多邻居。

——这一点都不假。

这些可爱的邻居，不仅仅住在你家的楼上或者楼下，左边或者右边；也不仅仅是你每天见面的男人或者女人，大人或者孩子。

这些可爱的邻居，住在你邻近的一片树林里，一条小溪边，一道山坡上。他们也许是一只鸟，一只青蛙，或者是一只羊，一匹马，一只模样古怪的穿山甲……在小小的地球村里，不仅居住着人类，还居住着各种各样的生灵呢。

他们也有自己的家庭，有外出觅食的爸爸妈妈，有在窝中嗷嗷待哺的可爱宝宝，也许还会有动作迟缓的老祖母。

你会爱他们吗？

像爱护邻居的一个孩子那样。

你会有很多很多这样的邻居。

——请你给他们一点关爱。

妈妈睡了

妈妈睡了。

妈妈在哄我午睡的时候，她自己先睡着了，睡得好熟，好熟。

像我睡着时，妈妈常爱在边上看我一样，我也看着妈妈睡觉……

睡梦中的妈妈真美丽。

妈妈明亮的眼睛闭上了，紧紧地闭着。她弯弯的眉毛也在睡觉，睡在妈妈红润的脸上。

妈妈的嘴巴微微张开着，好像还在给我唱着催眠的歌谣……睡梦中的妈妈好慈祥。

妈妈微微地笑着。是的，她在微微地笑着，她的嘴巴、眼角都挂着笑意。好像在睡梦中，妈妈又想好了一个故事，等会儿讲给我听……

睡梦中的妈妈好累。

妈妈的呼吸是那么深沉。

她细软的头发黏在微微渗出汗珠的额上。

窗外，小鸟在唱着歌，风在树丛间散步，发出沙沙的响声，可是妈妈全听不到，她干了好多活儿，累了，乏了，她想甜甜地睡一觉。

妈妈睡了。

初次离开妈妈的黄鹂鸟

一只小黄鹂鸟，第一次离开妈妈，自己外出捕虫了。

当小黄鹂飞了一天，疲倦地回到家里时，妈妈问他都看到、听到些什么。

小黄鹂说："除了虫子，我什么也没看到。"

妈妈失望极了，说："我们不是光为了虫子而生活的。"

这只小黄鹂鸟，第二天又疲倦地飞回来了。妈妈问他看到、听到些什么。

小黄鹂说："我看到一只老白头翁真可怜，她老得已经不能捕虫了，我把捕到的虫子送给了她。"

"我还看到一只小百灵鸟，她的歌声真好听，我听了半天。我想，将来我也许会唱得比她更好听的。"

妈妈高兴极了，说："你开始懂得怎样生活了……"

水上建筑师

你见过河狸吗？

小河狸真是一位了不起的建筑师，谁也没有他能干，因为他会造漂流在河上的"房子"。

小河狸用小棍儿造一个巢。也许，你会说这是一个什么巢啊，只不过是个漂在河上的柴草团。

这可不是什么柴草团，这是一个灵巧的巢。它的一半浮在水面上，另一半呢，藏在水底下。大晴天，小河狸坐在他的巢上，他一边瞧着两岸的风景，一边说："多好的太阳啊！"

突然，小河狸发现前面有条鳄鱼在游。

小河狸连忙钻进水里，从水下的洞口钻进巢内，让巢慢慢地随着浪花漂浮着。

河狸的巢漂过鳄鱼的身边，鳄鱼一点也不知道，那柴草团里面藏着一只小河狸。

小河狸，是了不起的"水上建筑师"。

星期六的午后

星期六的午后，手捧一本美丽的童话书——

我乘上一辆列车，奔跑在用彩虹铺设的轨道上。

笑是车头，歌是车轮，车厢两边镶着用魔幻做成的窗。

我的左边坐着棕熊，右边坐着松鼠和一位拿着红色小伞的姑娘；我的对面紧挨着狮子、兔子、犀牛和刺猬……哦，他们讲着非常有趣的故事。

车窗外，我能看见一朵白云，她也想挤进车来……

这不是梦，这是一个星期六的午后。瞧，手捧美丽童话书——

我身边有一杯冒着热气的茶……

小鼹鼠和大橡树

一只小鼹鼠在一棵大橡树下安家。

小鼹鼠喜欢春天的橡树。

春天的大橡树发出许多许多嫩绿的芽。冬天的积雪融化了,大橡树周围的泥土湿润润的,大树发出一阵阵好闻的春天的气息。

这时,小鼹鼠会爬出洞来,对大橡树说一声:"大橡树,春天好!"

一只小鼹鼠在一棵大橡树下乘凉。

小鼹鼠太喜欢夏天的橡树了。

夏天的大橡树枝茂叶繁,大橡树那些宽宽大大的绿叶,像一张张绿色的大手掌,整个夏天,那些绿色的手掌都在蓝天下不停地挥舞着,好像在和天空里每一只飞过的鸟,地面上每一只走过的小动物招呼着。

这时,小鼹鼠会抬起头来,对大橡树说一声:"大橡树,夏天好!"

一只小鼹鼠站立在大橡树下,秋天来了。

小鼹鼠可喜欢秋天的橡树了。

秋天的大橡树会落下许多树叶,树叶在秋风吹拂下,跳着快乐的舞。小鼹鼠喜欢躲在一堆堆落叶下,听落叶唱沙啦沙啦的歌,讲窸窸窣窣的童话,那里面真是又安静,又暖和……

这时,小鼹鼠会从落叶堆中伸出头来说:"大橡树,秋天快乐!"

冬天来了。小鼹鼠还生活在大橡树下的泥洞里。

小鼹鼠很喜欢冬天的橡树。

大橡树在寒风中站立着，它在默默地沉思。纷纷扬扬的雪花开始飘落。大橡树的枝条上，慢慢积起一道道白色的雪花，它的枝条都变成银色的了。小鼹鼠仿佛听到大橡树被白雪遮盖着的枝条内，一股绿色的汁液在奔跑着，就像泉水在严冰下涌动一样。这些绿色汁液和躲在大橡树枝条内的小嫩芽悄悄耳语——春天快来了！

小鼹鼠冒着寒风，用手推开洞口的积雪说："大橡树，祝你冬天愉快！"

绿叶和绿叶的故事

池塘边上有一棵好大好大的树。树上有好多好多绿色的叶子。

有一片叶子和另一片叶子，由于他们中间有很多树叶的间隔，彼此无法相见。

有一天，他们从大树映照在池塘里的倒影里，看见了自己，也看见了对方，他们互相认识了。

两片绿叶一见如故。两片绿叶彼此倾心。

两片绿叶用微笑传递相互间的问候和热情；两片绿叶用歌唱互诉衷肠。他们虽然相隔遥远，可是彼此总觉得时时都在一起。

这是两片快乐无比的树叶。当黑夜笼罩时，他们盼望黎明的曙光；当乌云满天时，他们从不怀疑，灿烂的阳光会重新把他们的影子映在一起。

两片绿叶并不急切期望着碰头。

因为他们知道，当秋风吹起的时候，他们会变成两艘并驾齐驱的落叶小船……

原野上，有一棵白桦树

原野上，有一棵白桦树。

小白桦树稚嫩、活泼、好动。每当暴风雨来临时，小树都会在风雨中跳着健身迪斯科。他左摇右晃，跳得那么投入，那么开心，连风和雨都被逗乐了。

有一天，大风吹来，这棵白桦树一点也不摇动，他直挺挺地站着。

风感到奇怪了，问他："你怎么不跳舞了？"

白桦树说："你没有看见我身上有了一个鸟窝吗？我一跳会把鸟窝颠翻的。"

这时，风才发现——

小白桦树已经长大，他显得那么稳健而又成熟……

森林小木屋

森林里有一幢小木屋。

小木屋有结实的墙，有尖尖的房顶，有好看的窗台，还有道矮矮的木栅栏。

小木屋的房顶上，有个小烟囱；小木屋的门前，还有一道弯弯曲曲的小路，直通森林……

窗 台

小木屋的窗台，是平展展的。

窗台的两边，放着两盆好看的蝴蝶花。好像那里停着一群风吹不走、雨打不散的花蝴蝶。

老奶奶爱在窗台上撒下一些小饭粒、面包屑。因为，这里还是小鸟们的乐园。黄鹂鸟、白头翁、鸫鸟飞来啄食这些小点心。然后，它们就为老奶奶放开歌喉，唱一曲非常非常好听的歌。

小窗台是美丽的、热闹的。这里有老奶奶的爱，有小鸟的歌，还有那一簇簇随风起舞的美丽花蝴蝶……

会唱歌的门

小木屋的门会唱歌。

"吱呀！"这是小木屋清晨的第一支歌。它惊醒了大森林。于是，老爷爷挥舞起扫帚，清扫通往森林的小路；老奶奶用晶亮晶亮的山泉水，浇灌院子里的花……于是，小鸟们开始在枝头跳跃，野兔开始在草丛间跑步，晨雾开始从森林里悄悄隐退，让花露出美丽的笑脸……

"吱呀！"

这是小屋送给森林的第一支歌

台 阶

小木屋门前的台阶，是用一块块石头砌成的。

石块的缝里长着青青的草，开出朵朵无名的花。石块上还滋生着一片片苔藓，绿色的苔藓长在一个个石凹凹里，就像谁在那里随意泼下了一摊摊绿色，暗暗的绿色。

木屋门前的台阶，是小松鼠们的长板凳。

它们爱成双成对地坐在台阶前，啃着松果聊天，它们还爱在这儿静静地听着——

听什么呢？

哦，这里是松鼠们世世代代爱来的地方。

它们在这儿听自己的祖父祖母留下的说笑声；听爸爸妈妈欢乐的歌；它们也在寻找，寻找自己童年时的爽朗笑声……

松鼠们说，这石头台阶，是它们松鼠家族最好的板凳。

小路，通向森林的路

台阶前曲曲弯弯的小路，是小木屋的几代主人用脚开辟出来的路。这路是古老的，这路也是年轻的。

古老的是坚实的路面。它曾留下过无数脚印，每一个脚印都把岁月踩了进去，每一个脚印都把辛劳、希望、追求、悲伤和喜悦踩了进去。要是小路能开口说话的话，它能说出许多古老的故事。

年轻的是小路两边的鲜花和绿草。季节女神不愧是绣花巧手，它每月每季都在变幻着花样，为小路两旁镶上美丽的花边。瞧那一片又一片，一簇又一簇，不断盛开和蔓延着的蒲公英、鸢尾花、矢车菊、紫苜蓿……让你目不暇接。

小路的古老给人留下沉思；小路的年轻让人充满希望。

烟 囱

小木屋最高高在上的是烟囱。

烟囱不大，但它像个爱爬屋顶的小调皮。小烟囱嘴里，不时吐出淡淡的烟。

当小烟囱冒烟的时候，森林里的树木很高兴，它们知道，是小木屋的主人在用枯树枝烧饭、取暖。大森林从太阳公公那里取得热量，它们再把热量珍藏在枯树枝里，送给可爱的小木屋。小烟囱里冒出的烟，是森林送给小木屋的关怀和爱。

当烟囱不冒烟的时候，小鸟们飞来站在这里。它们像一只只高高站立的风向标，转来转去，跟远处树上的小鸟和松鼠们打招呼。

小木屋的门、窗和台阶，没法离开小木屋，去看看小烟囱——它们这位高高在上的兄弟。但从小栅栏、小鸟们的赞扬声中，它们知道了——

自己有一位多么调皮、漂亮的小兄弟！

木 栅 栏

木栅栏像一群手拉手的快乐孩子，围着小木屋跳舞。牵牛藤爬上了它们的身子，用红色、蓝色、紫色的喇叭花为它们伴奏。小松鼠从树上跳下来，为它们叫好。

木栅栏是一群手拉手的哨兵，每一个战士都那么忠于职守。它们站得牢牢的、稳稳的，它们牵着的手在不断地传递信息。保卫小木屋不受侵犯，是它们神圣的职责……

木栅栏上爬满了美丽的牵牛花和茑萝花，木栅栏的身边，还盛开着许多五彩缤纷的小野花。小鸟飞来对小木屋说："小木屋，木栅栏是你好看的花裙子！"

白杨，望着阳光和彩云微笑

一棵白杨，站在田野里。

他望着阳光和彩云微笑。

一只栖息在树上的鹈鸟说："白杨先生，你忘了昨日的狂风怒号，乌云密布，大雨像鞭子抽打着你和我，而你，差点折断腰吗？——你怎么还有心思笑呢？"

白杨又望了一下天空，说："正因为如此，我才望着阳光和彩云微笑。"

秋天的故事是迷人的

秋风婆婆喜欢讲故事。

当她飞过山野的时候，枫树、乌桕树、槭树，都摇晃着每片叶子，出神地听啊，听啊，乐得涨红了脸。

于是，在绿色的树丛里，有了一棵棵叶红如火的树。树上的每片叶子里，都藏着一个秋风婆婆讲的故事——

秋天的故事。

秋天的故事，是色彩斑斓的故事。

秋天的故事，是令人陶醉的故事。

太阳的爱

太阳也会疲惫，当他经过一天的跋涉，从天的东边，渐渐落到了西边的时候。

这时，天空变成了玫瑰色。

太阳的光，变得煦煦的、柔柔的，失去了原先的强盛和明丽。

因为他疲惫了。

此时的太阳，显得孤独、落寞，他甚至想倚在晚霞的身边，轻轻地叹一口气。

可是，他突然看见了树上红艳艳的苹果，他曾经照射着他们，如今他们都成了一个个灿然的小太阳。

他看见树林一片绿，一片浓郁的绿。

哦，仔细看看，这绿色中其实是藏着他的金色的光的，他一眼就能看出。

太阳变得高兴了，特别是当他看到，有一棵小小的矢车菊，那花，给了太阳一个感激的、蓝色的微笑。

啊，多美的蓝色的微笑。

此时，太阳不感到孤独了，虽然长日将尽，可是他知道，人们会记住他的。

因为，他曾经那么强烈地爱过，爱过这大地上的一切……

长眼睛的小树

活泼的梅花鹿，他在小树林里跑着，几张藤叶挂在了他的角上，他也不知道。

小树林边上，是个小池塘，小鹿探头一瞧，池塘里映出了一棵小树，小树杈上飘着绿叶。再一瞧，小树杈下面，还有一对明亮的眼睛在一眨一眨呢！

小鹿高兴地笑了："那不是我吗？我变成一棵小树了，还长着树叶呢……"

就在这时，有两只漂亮的小鸟，落在这一对树杈上了，他们跳上跳下，还唱着好听的歌呢。

小鹿是爱动来动去的，可他现在屏住气，一动也不动，因为他知道，小鸟是非常胆小的。

小鹿从平静的水面上看到，两只小鸟真愉快，他们有唱不完的歌。小鹿在心里悄悄地说："唱吧，唱吧，我是一棵快乐的小树，欢迎小鸟来唱歌……"

一只站在巢边的小鸫鸟

一只小鸫鸟。

她站在巢边的树枝上。

小鸫鸟不知道自己是想出去，还是想回家。

小鸫鸟的一位好朋友，那只黑色而美丽的小雨燕回南方去了。

小鸫鸟失去了好朋友……

她觉得回家没意思。

她觉得出门也没意思。

一只小鸫鸟。她这才明白，好朋友对她是多么重要。

你猜，我看到了什么

今天早晨，爸爸写完一篇童话，他出门散步去了。

爸爸每次散步，都是沿着门前的林荫道，穿过一片青草地，绕过喷水池，然后再慢慢地走回来。

今天早晨，爸爸写完一篇童话，他出门散步去了。

我走进爸爸的书房——

你猜，我瞧见了什么？

我看见一只小小的麻雀，它飞到爸爸书房的窗沿上。后来，它大胆地跳到了书桌上，开始读起爸爸刚写完的童话来，一行一行，它看得那么仔细。我屏住气，在一边看了好久好久。

最后，麻雀展翅又飞出了窗口。

今天早晨，爸爸写完一篇童话，他出门散步去了。

我不知道，那只小麻雀有没有飞去告诉爸爸，它刚刚读了他写的童话。

真的，那只小麻雀读了爸爸刚写完的童话。

倦 鸟

倦飞的鸟回到了巢里。

鸟爸爸累了，鸟妈妈累了，只有小小鸟不累。

当鸟爸爸和鸟妈妈依偎在一起已经熟睡时，小小鸟还睁着好奇的眼睛，望着头顶的树叶，望着树叶间闪烁发亮的星星。

风睡了，云睡了，连小树叶也睡了。

只有草丛间的纺织娘没睡，在唱着唧唧的歌；

只有丛林间的萤火虫没睡，正打着一盏盏的小灯笼。

听着纺织娘单调的歌，数着萤火虫的小灯笼："一盏，两盏，三盏……"

小小鸟打起了哈欠，他酸酸的眼睛湿润了。

小小鸟累了。他依偎在爸爸妈妈的身边也睡着了，还轻轻地打起了呼噜。这呼噜声，惊醒了一片小树叶，她倾听着说："我听到小鸟在打呼噜……"

不能丢掉的尾巴

　　短尾巴兔子抬头望着树上的大尾巴松鼠说："老弟，把你的大尾巴扔掉吧。瞧我的小尾巴多棒，我跑起来，它一点都不会妨碍我。要是我拖着条像你一样的大尾巴可遭罪了！"

　　谁知小松鼠抱紧他的大尾巴说："我才不会丢掉我的大尾巴呢！我在树丛里跳来跳去时，蓬松的尾巴像把降落伞；晚上睡觉时，我把尾巴盖在身上，它是暖和的被子……"

　　这时，天下起雨来了，小松鼠用大尾巴遮住身子，说："再见了，短尾巴兔子！"

　　小兔说："好棒呢，你的尾巴还能当伞用！"

常春藤妈妈和她的孩子

　　在灰褐色的水泥墙上。

　　悄悄地爬上了一根常春藤，她爬得很高。

　　她就是常春藤妈妈。

　　常春藤妈妈是勇敢的，她用自己的身体，在灰褐色的水泥墙上，画了一根绿色的长线。

早上，你看这线，它显得很柔弱，有点纤细；可是，到了傍晚时再看看，这线条就显得粗壮而富有活力了。

常春藤妈妈是很爱自己的孩子的。

她对孩子们——小不点的嫩芽芽说："都出发吧，用你们的燃烧着的热情，画出你们的活力，画出你们美丽的梦……"

孩子们嬉闹着，奔跑着，像他们的妈妈一样，把充满着生命力的绿色泼开去，恣意地画着。

如今，这灰褐色的水泥墙上，常春藤已经爬满了，无论谁走过这里，都会赞叹——一幅多么赏心悦目的画……

鞋子和小路聊天

我的鞋子爱和小路聊天。

鞋子和小路聊得真开心，吧嗒，吧嗒，我就一直向前，向前。后来，我走累了，想转身往回走。

这时候，小路和我的鞋子说："别着急。请向前，再向前，千万别转身。"

我的鞋子继续和小路聊天，吧嗒，吧嗒，我就一直向前，再向前。

啊，前面是座美丽的小树林。小树林里有知了唱歌，有蘑菇撑着小伞，小树林里还有只松鼠在向我招手，做鬼脸！

这时候，我的鞋子对小路说："谢谢，谢谢你把我引到这好地方来！"

猎人从森林里带走什么

猎人第一次进森林打猎。

他满怀信心地要从森林里带走些什么。

烂泥沾湿了他的靴子，荆棘拉破了他的手。可是猎人全然不顾，他在高高低低的小路上走着，不时侧耳细听。

他没有遇到小鹿，也没有碰上狼，连野兔子也没见到一只。

他听见不远处有布谷鸟在唱歌。

猎人寻觅着，他想，就是打个鸟回去也好。

哦，瞧见了。猎人终于看见布谷鸟在橡树的树丛里，她正翘着尾巴忘情地唱着，并且不断地变换着歌喉。

更奇怪的是，就在布谷鸟的不远处，有两只小松鼠肩靠肩地蹲着，他们听布谷鸟唱歌，听得那么入神。

他们曾回过头来。是的，他们曾回过头来，朝猎人扫了一眼，还微笑了一下，仿佛在说，多美的歌！

猎人被这一对傻乎乎的小哥俩吸引住了，猎人也被布谷鸟的歌声陶醉了。这时，他的眼里射出的并不是猎人锐利的目光，而是孩子般好奇的目光。

猎人一直看到傍晚才回家。

猎人从森林里带走的是什么呢？

当然是最好的——

布谷鸟的歌声，松鼠哥俩的喜悦，还有他自己一颗美好的心。

啊，牵牛花

牵牛花，拉着细细长长的藤，爬满了竹篱笆。

她给篱笆，给小院，带来一片片绿绿的凉意。

她开着五彩的花，让小院，让田野显得美丽。

大黄牛走过篱笆。

牵牛藤朝他开心地扬扬绿色的手臂。

大黄牛高兴地说："牵牛花，你是想来牵牵我大黄牛吗？"

牵牛花笑了，她摇摇绿色的叶子说："你瞧，你瞧，你瞧……"

大黄牛低头一瞧，牵牛花的小绿叶上，有两只小蜗牛。

啊，牵牛花，牵牛花，你牵的是两只小蜗牛……

彩色的小雨点

你认识小雨点吗？对，就是那些透明的小雨点。

他们刚从天上下来的时候，都是光着身子的。

你听，他们一面往下掉，一面埋怨着：

"你瞧，地上的行人们，哪有不穿衣服的？"

"是啊，那些衬衫、裙子、短裤、外套，多好看！"

"我特别爱那个小背心，上面还有飞机呢！"

"我不，我爱那件小纱裙，就跟我们的云朵妈妈一样轻盈。"

"我们的妈妈最糟糕，连一条小裤衩也不给我们穿，真羞人！"

"不准你讲妈妈的坏话！"

…………

小雨点落在一个小花园里。这下，花园里可热闹了。

人们是听不见雨点讲话的。要不，这叽叽喳喳的声音，会吵得大家捂起耳朵的。

"啊，我有衣服喽！我穿上了一件紫色的长裙子！"一颗掉在紫色牵牛花上的雨点说。

"我的红色小衬衫多合身啊！"一颗落在红色月季花上的小雨点，滚来滚去，跳起舞来了。

"黄背心，真美丽，穿在身上好神气！"一颗调皮的小雨点，在一朵小小的金盏菊上唱起了儿歌。

一颗在绿叶上闪烁的雨点，简直像粒小翡翠，他高兴地说："谢谢妈妈，她没有给我们衣服。她知道大地阿姨会给我们最美的衣服！"

"妈妈万岁！"

"大地阿姨万岁！"

五彩的小雨点欢呼起来……

一本打开的童话书

我在森林里玩累了。

无论谁第一次走进大森林，都会玩得筋疲力尽的。

我坐在林中草地上，注意到远处有个水潭。可是，它再也不能吸引我了，比起有无限丰富的色彩、音响的森林来，它实在是太单调了。

就在这时，我看见一只尾巴长长的、身穿花衣裳的小鸟飞来了。她在水潭边看了好久，抬起头快乐地唱了起来："快——看，快——看，真好看！"后来，她拍拍翅膀飞走了。

于是，我怀着好奇心，来看这个水潭。

啊，真好看的水潭——

浅浅的水潭，映出了白桦树和一丛丛鲜红的小红叶树的倒影；映出了一朵白云懒懒飘过的倒影；映出了一棵小小的狗尾巴草的倒影。还有什么呢？还有一张被汗水弄花了的、有着两只大眼睛的顽皮笑脸的倒影。这是我吗？有点像，又不太像。

我知道，就在几秒钟前，它还映出过一只美丽小鸟的倒影。也许不久前，它还映出过小鹿、狐狸和色彩绚丽的小蝴蝶的倒影……

森林里的水潭，它像什么呢？——像电视机的屏幕吗？不，我觉得它更像一本打开的、有着有趣插图的童话书……

一串快乐的音符

有一串快乐的音符。

他们是从哪里来的，连他们自己也搞不清楚。

也许是一位音乐家用提琴奏出了他们；也许是个初学钢琴的女孩子在琴键上弹出了他们；也许是骑在牛背上的小牧童用短笛

吹出了他们；也可能是个小男孩走在田埂上，用轻快的口哨吹出了他们……

反正，他们刚一获得生命，就串联在一起，快乐地飞跑在田野上。他们甚至来不及回头看一看，是谁奏出了他们。他们一个拉着一个的手，像轻风一样在田野上跑着，唱着。

他们从快乐的小鸟身边跑过，小鸟没有他们唱得好听；

他们从奔流的小溪身边跑过，小溪没有他们唱得深情。

他们跑过森林，跑过草丛，跑过群山间的峡谷……

小音符们不愿意停留下来，他们到处飞跑，多么高兴。

在城市的一幢小楼上，有一扇小窗开着，对着星星闪烁的夜空。小音符们感到很好奇，就钻了进去。

哦，里面有个白头发的老奶奶。她的老伴——一个挺温和、挺幽默的老爷爷去世了，老奶奶感到很孤独，她在思念老爷爷。

突然，她听到了从窗外飞进来的小音符们的歌。啊，多么熟悉的歌，这是老爷爷年轻时就爱哼唱的歌。在老爷爷和老奶奶初次相识时，老爷爷就为老奶奶哼过这支快乐的曲子。后来这曲子陪伴老爷爷和老奶奶生活了很长的岁月……

老爷爷虽然离去了，可这段快乐的歌还在。如今歌声又飞进来了，就像当年老爷爷在轻柔的月光下，轻轻地哼唱着。

老奶奶含着晶莹的泪花，她笑了，笑得很动情。

不知为什么，小音符们再也跑不动了，他们也不想跑了。小音符们手拉手地钻进了老奶奶的心里，他们愿意留在那里。

当老奶奶寂寞时，他们就轻轻地哼唱着。

唱着这支老奶奶熟悉的，老爷爷年轻时曾经哼唱过的曲子……

灌木丛的倒影

清清亮亮的小溪边上，站着一排高高低低的灌木丛。高高低低的灌木丛上，长着大大小小的绿叶，开着星星点点的花。

小灌木丛，他们那么整齐地排着，他们那么高兴地站着，在看些什么呢？

哦，在看他们留在溪水中的倒影——

溪水中，有一排轻轻晃动的小灌木丛。每一棵灌木都看得很专注。不过，他们不是在看自己，而是在欣赏着别人。看别人留在溪水里的美丽的倒影。

他们欣赏着别人，也被别人欣赏着。

连一棵最矮、最小、最不起眼的小灌木，也引起了大伙儿的注意——

因为，在他细细弱弱的枝条中间，游着一群自由自在的小鱼，他们摆动着小小的尾巴，在晃动着的枝叶间游来游去，就像树丛里飞翔着一群快活的小鸟……

每当游人们走过溪旁，也都会在这里看上半天的，看这些高高低低、粗粗细细的灌木丛留在溪水里的倒影。

他们就像在读一本书，看一场电影，浏览一幅很美很美的画……

雪　花

　　哦，一朵晶莹的六角形的雪花。

　　她从天上飘下来。

　　慢悠悠，慢悠悠，小雪花在想什么呢？

　　——她想，自己最好落在电视塔的塔尖上，这是城市最高的建筑物。也许，人们还能从电视里看到她呢；

　　——她想，自己最好落在一位诗人的铜像上，这位诗人曾经那么热情地赞美过雪花；

　　——她还想落在梅花很香的蕊里……

　　可就在这时，她听到一个小男孩说："妈妈，我这是第一次看到雪花吧，你能告诉我小雪花是什么形状的吗？"

　　听了这话，小雪花像一个醉汉一样，她飘飘悠悠地落在小男孩胖嘟嘟的小手掌上。

　　小雪花没来得及说一句话，就化成了一颗亮晶晶的小水珠，但她还是听到小男孩惊喜地喊了一声——

　　哦，一朵晶莹的六角形的雪花……

小雨点的见闻

　　一颗可爱的小雨点落下来，落在玻璃窗上，他怎么也站不住脚，一个劲地沿着玻璃往下滑着，飞快地滑着，一路上他看见了什么呢？

　　他看到了屋子的天花板；看到粉刷得很好看的墙壁；看到了放着各种五颜六色玩具的书橱顶；看到了一排排的书；看到了一张宽大的写字桌；看到一个挺漂亮的小男孩，正伏在桌子上，专心地做着什么。小雨点想看得再仔细一点，不行了，他已经滑到了玻璃窗的下面，掉进了一个小花盆里……

　　小雨点钻进了花盆的泥土里。

　　小雨点钻进了一棵茉莉花的枝干里，茉莉花往上长，小雨点也往上爬。长啊，爬啊，终于有一天，小雨点爬进了茉莉花的花蕊里。

　　花朵开了，小雨点从花蕊里往外张望。

　　啊，他又看见了这间屋子。小雨点想起来了，他上次就是在这么个傍晚落下来的。

　　小雨点抬头望着熟悉的天花板，望着粉刷得很好看的墙壁，望着书橱上五颜六色的玩具和橱里一排排的书。

　　他看到了宽大的写字桌，看到了伏着的漂亮小男孩，这次他终于看清楚了，小男孩正在专心地做作业。

　　哦，他写的字一笔一画多漂亮，就像茉莉花的每朵花、每片绿叶那么叫人赏心悦目。

小雨点还看到了小男孩专注的眼神。哦，他写的字和他的小脸蛋一样漂亮……

小雨点忍不住赞叹一句。

他一张口，花朵里的香味就飘了出来，小男孩闻到了淡雅的香味，他抬起头来，朝茉莉花，朝看不见的小雨点深情地笑了一下。

多么漂亮的笑，小雨点想再看看清楚。——可是，小男孩又低下头去认真做作业了……

田埂边的小水塘

田埂边上，有两个小小的、小小的水塘。

一个小水塘里映着金灿灿的油菜花；

另一个小水塘呢，映着一角蓝天。

两只小鸟飞落在这里。

一只小鸟赞美水塘里映着的油菜花，她说："多美丽的油菜花啊！"

另一只小鸟呢，赞美着水塘里映着的那一角湛蓝湛蓝的天空……

后来，小鸟们口渴了，她们慢慢地喝着水塘里的水。

一只小鸟高兴地说："我把水塘里的水和油菜花一起喝下去了。听啊，连我的歌声里都飘着油菜花的香味！"

另一只小鸟呢？

她已经飞到蓝天里。她要去寻找，自己刚才喝下去的，是蓝天的哪一角……

太阳，你是粉刷匠吗

月亮来大海做客了

那一晚，我来到大海边上。

——大海真安静。

海涛温柔地拍打着，发出梦呓般的声响，片片光亮，随着海涛的涌动，闪闪烁烁，像一天的繁星。

哦，在闪烁的繁星中，我瞧见一轮晃动着的圆月亮。

月亮，她来海里做客了。

小鱼、浪花和海面上飘动着的雾气，都聚集在圆月亮的周围，听她讲述着遥远天穹里的童话。

——讲述着星星、云朵和雁群的童话。

那一晚，月亮来大海做客了。

所以，大海显得如此温馨而多情。

小狗在沙滩上

小狗，在沙滩上，他向着大海吠叫。

小狗，是因为你瞧见海浪了吗？是你闻到海风的腥味了吗？是你看到远在天际的渔帆了吗？……

"汪，汪！"小狗说，都不是。

啊，我终于知道了——

是大海里一条小鳕鱼，她也正凝望着小狗呢。她对小狗说："我要告诉妈妈，告诉海星，告诉小海螺，我看见了海边有一个长着长鼻子、大耳朵和一身毛的怪物……"

大海边上，两个来自陌生世界的朋友在交谈。

一群外国孩子

有一群白皮肤、蓝眼睛的外国孩子。

他们带着铁铲、小桶、救生圈来到海滩。

他们还带来了调皮、活跃和一串串止不住的笑声。

那个细高个子，用小铲挖啊挖啊，挖出了长长的沙坑，一个胖胖的小男孩睡进了坑里。

男孩女孩们，把一捧捧细沙撒在他的身上。

他们"埋葬"了他，让他仅露出一张脸，笑望着蓝天。他的一头鬓发，在海风中飘着。

胖男孩渐渐地闭上了眼睛——

他的脚边放着用海裙带菜编织成的花环，还放着一罐可乐、一包开心果……

海浪轻轻地在他的脚边拍打着。

小男孩睡着了吗？他梦见自己进入天国了吗？

"不！"海浪笑着说，"我听见了他咯咯的笑声，他的心正随着海风飘啊飘啊，飞到了大西洋的彼岸，在遥远的家乡小院里，他仿佛正睡在奶奶温暖而宽厚的怀抱里……"

是的，小胖男孩听着，大海的歌声多么像奶奶那甜甜的催眠谣。

粗心的小螃蟹

海滩上有成百上千的小洞洞眼。

当我的脚刚一踩下去，哦，成百上千个小螃蟹，像一群慌慌张张的小蜘蛛，一下子逃回自己的小洞里。

于是，海滩上一片寂静，只有海浪在唱着单调的歌。

我吐吐舌头，轻轻踮起脚——

悄悄地躲在一边。

哦，小螃蟹们出洞了。一个，两个，五个，十个……小东西探头探脑地出洞了。

他们离开了家门，又欢聚在一起。

我屏住呼吸，看着，听着。

哦，这群活泼的小螃蟹，他们在羞着一只小胖螃蟹呢。

在刚刚的一场大逃亡中，他跑错了地方，钻进了别人的洞里。

哈哈，螃蟹当中，居然也有像我一样的小冒失鬼呢。

啊哈，我的鼻子痒了："阿——嚏！"

糟糕，海滩上又是一片寂静。

太阳，你是粉刷匠吗

太阳，你是粉刷匠吗？

你把沙滩粉刷得金黄金黄，就像是一条用黄金铺设的海岸；你把大海粉刷得碧蓝碧蓝，就像一块晶莹剔透的蓝色水晶；你把天空中的云彩，粉刷得那么洁白，就像一条轻柔飘曳的纱巾……

你瞧，海滩上的两位小朋友，原先他们是那样的白，可你把他们粉刷得像两块黝黑黝黑的岩石。

多么健壮的"岩石"。

太阳，你是粉刷匠吗？

小波纹的童话

池塘里藏着很多童话。

连波纹里也藏着一个个小童话。

我认识一道小波纹，但不知道他是从哪里来的。

是风吹起了他，还是鱼打挺时激起了他？也许是落叶飘落时带来了他，是露珠从荷叶上滚落时出现了他……

反正，他是池塘里一道活泼、开心的小波纹。

小波纹的生命很短，当我们在池塘边相遇时，他只来得及和我说短短的几句话：

"我是波纹，我是个赛跑小能手！"

"我是波纹，别看我小。我能晃动树荫，我能晃动云影，我还能晃动山的倒影……"

"我是小波纹，我最开心的是当我晃动一片落叶时，落叶上的一只蝴蝶，像是荡起了秋千，她咯咯地笑个不停！"

"我是小波纹……"小波纹的最后几句话，我几乎听不见了。

池塘里藏着许多童话。

小波纹的童话是最小最小的童话。

萤 火 虫

萤火虫打着小灯笼，他是森林里会飞的小星星。

当黑夜将尽，启明星亮在天边时，小萤火虫准备熄灭自己的小灯笼。这时，他抬头望着天空，天空里的星星暗淡了，消失了。

萤火虫躲进青草丛，飞了一夜的他累了，想美美地睡上一觉。此时，萤火虫突然发现，天上的小星星们也躲进了青草丛，他们闪烁在草丛里，滚动在花瓣上。

萤火虫开心地说："多么调皮的小星星！"

可是这些小星星齐声说："不，我们的名字叫露珠……"

一片卓然而立的荷叶

原先，这池中的荷叶不是高低参差的。

那些小荷叶很性急，当他们一探出水面，就张开了自己的嫩叶。于是，一片片的荷叶紧贴着湖面，使湖面像一块平整的绿毯。

如今，不同了。

有一片小荷叶，他不满足于贴近水面，当他钻出水面时，他不想匆忙地舒展自己的身子，而是拼命地往上长，他的绿色梗子高出水面很多，然后，再把叶子慢慢地舒展开。

于是，他像一把高高擎起的绿伞。

他成了平平的湖面上一片卓然而立的荷叶。

他得到了更多的日照，也得到了更多的风吹雨淋。但他并不怕，他昂然地挺立着，长成了一顶大大的绿色华盖……

如今，不同了。

有许多小荷叶追随着他，都愿意长得高些。

湖面上，伸出了高高低低的细臂，托出了一个个大大小小的碧玉盘，衬托着一朵朵白色、粉红色的荷花。

湖面再也不像一块绿毯。

而像一片密密匝匝、高高低低的丛林。

蜻蜓，在这片叶丛中捉迷藏。

青蛙，在这片叶丛中玩蹦跳游戏。

小鱼呢，他们谢谢长高了的荷叶，荷叶给小鱼小虾们留下一片片的湖面，能让他们把小小的脑袋伸出水面——

看一看这醉人的景色。

风和帆的聊天

风，在江面上闲逛着。

他想找人聊天，可是——

江边的山峦不理他；

水中的礁石不理他；

江面嬉闹的鱼群不理他；

连一群飞过的白鹭也不理他……

风，在江面上闲逛着。

他见远处驶来一艘船。

一艘装着沉沉货物的大船，大船在江面缓缓行驶着。

船老大正在忙着整理货物。

风想和他聊天，可他只顾抹头上淌下的汗。

风失望了。这时，躲在一边和小猫玩的小男孩发现了他，小男孩和妈妈咬咬耳朵。

妈妈和小男孩忙开了……

风，在江面上闲逛着。

只见在船的桅杆上，徐徐升起了一片白帆，就像从船舱底下钻出一位穿白衣的姑娘，她站在江面上，望着江水，望着两岸的青山，望着头上的白云。

风高兴极了，他把自己满肚子的话，向白帆倾诉。

白帆倾斜着身子。

她专心地听着，听着。

风讲得更有趣，更起劲了。

于是，船像插上翅膀一样，去追赶飞在前面的一群白鹭了……

一只喜欢安静也喜欢唱歌的鸟

雨后，一只黑胸脯的小鸟停在一棵菩提树上。

她时而一动不动地站着；

她时而唱着好听的歌。

当她在一动不动地站着的时候，一片小树叶问："小鸟，你是一幅画吗？"

当她唱着好听的歌时，另一片小树叶问她："小鸟，你是一首好听的歌吗？"

雨后，一只黑胸脯的小鸟停在一棵菩提树上。

小鸟说："我不是一幅画，也不是一首歌，我是一只喜欢安静也喜欢唱歌的小鸟……"

一只猫，坐在窗台上

一只猫，坐在窗台上，她看着我。

她看着我画图画。

我画一只花瓶，花瓶里有玫瑰花，有鸢尾花，还有金黄色的向日葵……

窗外的小鸟在叫我，窗外的小狗在叫我，窗外的葡萄藤上的紫色葡萄也在叫我。

我不理他们，仔细地画啊画。

一只猫，坐在窗台上，她看着我。

她看着我坐在钢琴前练琴。我弹一支圆舞曲，我弹一支进行曲，我再弹一支很难很难的练习曲。

钢琴上，小布熊在叫我，巧克力在叫我，那一盘红苹果也在叫我。

我不理他们，我开心地弹啊弹。

窗台上那只猫笑了。

她叫了一声喵——呜——

小猫是在说："真是个专心的女孩！"

月亮边上的星星

每天晚上，我都会瞧着窗外那颗明亮的星星。

那颗明亮的星星就在月亮边上。

记得我很小很小的时候，奶奶在哄我睡觉时，都会说："睡吧，睡吧，等你睡着了，奶奶就上那颗星星上去，帮你取巧克力，奶奶在那里藏着许多巧克力呢！"

第二天早上，我就能吃到奶奶从那颗星上取来的巧克力。

如今，奶奶已经不在了，她到一个非常非常遥远的地方去了。

但我每天晚上，还会注视着那颗星星，那颗在月亮边上的星星。

那是奶奶的星星，她曾在上面藏过许多许多巧克力……

倒映在湖里的红叶

芦苇海遐想

到过九寨沟的人都会记住芦苇海。

蓝蓝的海子边，芦苇开着一片白茫茫的花，水里岸上都是摇曳的银色芦花。

芦苇海有一种素净的、萧索的美。

我想这片海子早先也许羡慕过别的海子，因为它们边上有山坡，有美丽的树丛，而它没有，海子水面上映现的，只是蓝天和白云。当海子边上出现第一枝芦苇时，海子一定是惊喜的，它一定是以无比的爱心，注视和关怀着这枝芦苇的成长，朝朝暮暮，日日夜夜，年年岁岁，这芦苇长成千枝万枝，形成了白茫茫的一片……

芦苇海用爱，用等待为自己营造了一种独特的美。

诺日朗的松

在诺日朗瀑布群落前，是一片水的喧哗，大小瀑布在岩石间奔泻，奔跑，一路洒落着洁白的水花。

诺日朗瀑布前观者如潮。

瀑布前有棵高高大大的松树，却是静静地站立着。它翘首望着远处的群山，仿佛一点也没有被这喧哗的、奔腾的瀑布和水花惊扰。

一群游客来到这里，他们抬头望着这棵巨松，不禁惊叫起来："哦，多么高大的松树啊，这也许是这山岭中最高大的松树了！"

"不，"在瀑布的喧哗声中，高大的松树还是听到了人们的赞叹，它抬头望着白云说，"我绝不认为我是这里最高大的松树，正因为我站得很高，所以我能望见周围有许多比我更高大的松树。"

静 海 思

我惊叹静海的静。

湛蓝湛蓝的湖面，水波不兴。水静静的，山静静的，四周的树静静的，连小鸟的歌声也没有，时间仿佛在这里凝固了，站在这静静的湖边，你的心仿佛一下子沉进了寂静的湖底。

我凝视着水面，水面上有着那么多美丽的树，美丽的花草。这里的每一片树叶，每一朵花，都能让你读得那么仔细。

水面上只有一样东西是悄悄流动的，那便是一朵飘过的白云。在湛蓝的水面上，云是那么洁白，它在轻轻地、慢慢地移动着，仿佛怕惊吵了这静静的湖面。

我问静海："你的湖面何以有如此斑斓的色彩，如此丰富的图画？"

静海静静地回答我："让你的心安静下来，它就能容纳许多……"

一棵美丽的树

在走向火花海的途中，有一棵美丽的树，这是一棵有着金黄树叶的槭树，每个人走过这里都会赞叹一声：

"一棵美丽的树！"

"一棵叶子金黄的树！"

"一棵姿态多么高贵的树！"

只有一只飞过这儿的小鸟知道，这并不是一棵最美丽的树，因为它身上压着太多的赞美，它不得不随时注意自己站立的姿态，自己的颜色，自己的……而在离这儿不远的丛林里，同样有那么一棵槭树，它站立在山坡上，生活得那么自然，那么随意，那么恬静安详，它无须为博得别人的赞叹而刻意地装扮自己。

人们抬起头来，就能看到它绰约的身影。

——那才是一棵最美丽的树。

倒映在湖里的红叶

芳草海边上长着许多树。

那是些五彩缤纷的树。

有墨绿的苍松，有青翠的云杉，有浅黄的椴树，有深橙的黄栌……其中还有两棵不起眼的小树——一棵是朱紫的山杏；一棵是绛红的山槐；

两棵树都长在临近海子的斜坡上。

芳草海边上长着许多树。

那是些五彩缤纷的树。

有一天，那棵朱紫的山杏，凭借着自己临近海子的优势，突然发现水中的自己是那么漂亮。于是，日起日落，朝朝暮暮，它都低头看着水中的自己，那片片红叶，那嫩嫩的枝条，多么让人爱怜……

山杏陶醉在自己的倩影里。

芳草海边上长着许多树。

那是些五彩缤纷的树。

那棵绛红色的山槐，站立在山杏的身边，虽然它低头也能瞧见海子里自己美丽的倒影，瞧见那碧澄湖水中自己红色的叶子。

不过，山槐很少低头看着湖面，它只有在大雨过后，当雨水洗净自己的每片叶子，湖水也变得特别明亮的时候，才会低头瞧一瞧自己的倒影，它为湖水的美和自己的美陶醉。

平时，它一直抬着头，凝视着前方。

芳草海边上长着许多树。

那是些五彩缤纷的树。

可惜的是那棵朱紫的山杏，由于终日俯视湖面，身子已经变得伛偻，身边的其他小树都已长高，它们遮挡住了山杏的身影。

湖中已经几乎看不见它的倒影了。

而那棵山槐呢？

它长得树叶茂盛，身干挺拔。远远的，你不仅能在山坡上，而且在湖心中，都能看到它迷人的身姿……

雪　山

在九寨沟长满五彩树的群峰中，一座雪山突兀而出。

雪山顶上，没长花，没长树，只有终年不化的皑皑白雪。

人们挤在路边，从几座青翠山峰的豁口中，注视着这座雪山的白色峰顶。

雪山那么安详地耸立在远处，那在阳光下闪耀的白雪，多么像苍老母亲头上的银发。

大家静静地望着雪山，因为它像众山之母，虽然没有瑰丽的色彩，没有亮丽的容貌，但大家还是怀着敬意默默地注视着——

因为母亲总是让人升起油然的敬意。

山里最长的故事

你知道，山里最长的故事是什么吗？

我知道，山里最长的故事是山泉水讲的故事。你听，叮咚，叮咚，叮叮，咚咚，山泉姑娘从清晨一直讲到深夜，故事没完也没了。

有一天，我问两只尾巴长长的蓝色小鸟："你们在绿叶茂密的枝头，听些什么呢？"

小鸟告诉我，他们在听山泉水讲故事。小鸟自豪地说："我们听了整整一个夏天！"

整整一个夏天。山泉姑娘讲了些什么呢？

　　小鸟说："她讲了鲜花的灿烂、小鱼的历险、小虾的顽皮，还讲了一片落叶的故事和一只小纸船的神秘来历。还有小蝌蚪的童话、小青苔的幻想，还有一棵狗尾巴草的开心事……"

　　小鸟问我："你爱听山泉姑娘讲的故事吗？"

　　我自豪地告诉蓝色的小鸟："我已经听了整整九个夏天了！"

谁先绿的

　　几天前还是黄褐色的草坪，一场春雨过后，竟是绿油油的一片了。

　　我蹲下身子，和小草说话。

　　小草们高兴极了，争先恐后地和我打招呼——

　　一棵叶子狭长的小草说："你知道吗？是我先绿的，当春天的阳光刚一照在我的身上的时候，我就变成绿色的了。"

　　一棵长着椭圆形叶子的小草说："你知道吗？是我先绿的，当春雨飘洒到我的身上的时候，我就变成绿色的了。"

　　一棵有着尖尖叶子的小草说："你知道吗？是我先绿的，当春风吹拂我的时候，我就变成绿色的了。"

　　…………

　　我望着这块绿色的草坪，我对着成千上万棵小草说："当春风、春雨、春天的阳光一起到来的时候，我的心也是绿的了，我们是一起绿的……"

海的依恋

海 涛

椰树倾斜着颀长的身子，向着大海。

椰树的每一片羽状的叶子，都像一只巨大的绿耳朵，在出神地听着。

我问椰树："你听什么呢？"

"海涛。"

——椰树静静地回答。

我也倾斜着身子，凝神地听着。啊，我听出了，日光下的海涛和月光下的海涛，发出的是不同的声响。

于是，我屏着气息，变成海边的一棵椰树，静静地——

听着日光下的海涛；

听着月光下的海涛……

卵 石

我在海边捡贝壳。

捡了一块发出幽幽光亮的圆形卵石。

我把卵石带回家，在上面写着：捡自大东海。把它放在书橱里。

每当我看书累了的时候，我会抬头看着这块卵石——它幽幽的光亮，如同碧蓝的海涛；它圆润的身子，犹如一朵撞击在礁石上溅起的小小浪花。

我的书橱里有一块幽幽的卵石。

我的书房里，便时时响起海的波涛，时时有着海的湿润和腥味……

和第十二排浪花相拥

我在沙滩上静静地坐着，数着——

有十一排浪花呼啸着向我涌来。

当第十二排浪花奔腾而来的时候，我纵身跃入大海，我和第十二排的浪花紧紧相拥。

浪花拍打着我的脑袋，冲击着我的全身。

我张开双臂在海浪间嬉戏。

十三排，十四排，十五排，一排排浪花不断地拍打着我。时而穿越浪花，时而跃上浪尖，我像一只快乐的海鸥搏击着，欢跃着。

我感谢那十一排浪花的呼唤。

我感谢这第十二排浪花给我的冲击，给我的深情拥抱……

照　片

大海像数码照相机，每当她翻腾起一片浪花时，就摄下了一张照片。

海浪摄下了

——蓝天、白云、碧波、银鸥……

海浪摄下了

——金色沙滩、彩色人群、朗朗笑语，遍布海滩的、像串串省略号一样的足迹和那些似藏似露的五彩贝壳和卵石……

大海像数码照相机，只要你安下心来，坐在海边，大海便会向你展示这一幅幅美得醉人的相片……

快乐的鱼

当太阳渐渐落山时——

海边的一切，都变成美丽的剪影。

近处的房舍，远处的山峦，沙滩下的遮阳伞和躺椅，还有不远不近处的几棵多姿的椰树……

你看到了吗？随着一阵海浪的涌来，海滩上又多了一片小小的剪影，那便是双手伸向蓝天的我——

像一条活泼快乐的鱼。

海的依恋

像一条活泼快乐的鱼——

我从碧波中走向沙滩。

一步一步，回首张望，我好像把一片片浪花牵上了沙滩，碧波吻着沙滩、贝壳和我的脚印。

一步一步，回首张望，我和每一朵浪花告别，浪花争先恐后地追赶着我，仿佛给我送上大海的依恋……

唱歌的雏菊

　　草地上开出一朵小雏菊。

　　蓝色的小雏菊是那样小，那样不起眼，无论小兔、小鹿、小狐狸走过，谁也不会瞧上一眼。

　　可是，小雏菊却生活得很高兴，她每时每刻在欢乐地摇晃着，歌唱着。

　　一只美丽的小蝴蝶飞过，她对雏菊说："小不点，你高兴什么呢？你一天到晚地唱着，唱些什么呢？你的生活不太单调乏味了吗？"

　　小雏菊眨巴眨巴眼睛，她多么像草原上一颗小小的闪烁着的小星星，她用歌声来回答小蝴蝶的问话：

　　我快活，我歌唱……

　　照耀我的是阳光——温暖舒畅，

　　滋润我的是露珠——晶莹闪亮，

　　抚育我的是泥土——松软芳香，

　　关怀我的是落叶——富有营养……

　　我的花朵虽小，我的天地却很广。

　　因为有那么多的伙伴爱我——落叶、泥土、露珠、阳光……

　　听了雏菊的话，小蝴蝶也高兴起来，她也觉得生活真快乐，到处是友谊、关怀和阳光。

一棵实实在在的树

带上足够的颜料。

背上草绿色的画夹，我要去树林写生。

没有比在树林里写生能带给我更多的宁静、专注和愉悦了。

梧桐树下的画

我在树林里，在开着杂色小花的草地上随意走着，不远处一棵有着浓荫的大栎树吸引了我。我喜欢这棵大树，这是一棵非常壮硕、美丽的大树，它的每片树叶都在和风中晃动着，仿佛在和我亲切地打着招呼，我们有一种一见如故、互相倾心的感觉。

栎树如此之高，如此之大。

它如此自然地站立在草地上，如此随意地向着四周，向着蓝天，舒展自己的枝和叶，涂抹着它那醉人的绿色。

我要把这棵栎树的枝干，把它的色彩，把它不加修饰，却又仿佛精心安排的美，显现在我的画布上。

我看了一下四周，把画架安放在一棵年轻的梧桐树下，让这棵姿势很美的小树帮我遮挡阳光，为我送来凉爽和惬意。

请多挤一点绿色

当我打开一管管颜料，准备把它们挤在调色板上时，一只灰色的小鸫鸟飞来了，她飞落在离我不远处的一棵枫树上。灰鸫鸟啄啄自己的羽毛，带有几分羞涩地说："请多挤一点绿色，拜托你画好每一丛绿叶，你喜欢它们吗？"

"喜欢，当然喜欢！"我一面挤上一堆绿色的颜料，一面说。

"我很高兴，不过你未必真正了解这些可爱的绿叶。它们真心诚意地为我们遮风挡雨，保护每一个鸟巢和每一只小鸟，它们还和我们聊天，听我们唱好听的歌。它们每时每刻都在为大树制造养料，帮助大树呼吸。它们是大树，是树林，也是大地的绿肺；它们是可爱的，每一片绿叶都有自己的生命，虽然它们的生命很短暂。我们去年认识的绿叶朋友，如今都已经凋零了，我们怀念它们；今年，我们又有了许多新的绿叶朋友，它们以自己短暂的生命，又为大树带来一片绿意，让大树活得更健康，更久长……"

小松鼠的拜托

"拜托了！"正当我聚精会神地听着小鸫鸟讲述的时候，一只棕色的小松鼠又来到了我跟前。"先生，真的拜托了。"可爱的小松鼠合掌向我致意，"请务必重视这些枝条，它们真让我感动。树枝是大树的血管、经络，是大树通向蓝天的筑路工。它们在蓝天里筑起大街小巷，带领着千万片绿叶，组成一个美丽而宽大的树冠。春天、夏天，树枝给蓝天以绿色的渲染；秋天、冬天，它们以疏密有致的线条，描绘天空的壮丽……我们每天都在这大街小巷奔走，我们知道树枝的辛苦。气候恶劣时，它们时而在狂风中摆动，时而在暴雨中挣扎；天气晴朗时，它们为每片绿叶争得足够的阳光和空间……"

年轻梧桐的赞美

这时，我觉得有谁在轻轻拍我的肩膀，回头一看，原来是身后的那棵年轻的梧桐树要和我说话："朋友，请以虔诚的笔触，画这大树的树干吧！你瞧这粗糙而壮实的树干，那是沧桑，那是磨炼。在树干里藏着的是一圈圈的年轮，这年轮记录着岁月的消逝、大地的故事，记录的是栉风沐雨的古老歌谣……那粗粝的树干，不仅是大树的支柱，也是我的精神支柱和理想追求！"

树底下的寂静世界

"听说有画家在这儿写生，是吗？"突然从我脚下传来一个轻微的声音，低头一瞧，原来从我脚边的泥洞里，钻出一个土拨鼠的脑袋："我是一只卑微的土拨鼠，整天生活在漆黑的地底下。我请您在画画时，别忘了大树埋藏在地底下的根，要说树枝是大树通往蓝天的大街小巷的话，根须就是大树通往地底下的网络。多少条粗大或微小的根和须，提供着大树必要的水和养分；多少条根和须不断地在地底下伸展和盘曲，它们紧紧抓住泥土，为的是让大树更挺直地站立，更顽强地生长……由于长期生活在阴暗的地底下，我的视力很差，几近是个盲者，但从根须的默默无闻的奉献中，我能想象出大树的雄伟耸立，要是有人在欣赏大树的伟岸时，想到树底下这个寂静的世界，我想这些无怨无悔的根须会感到欣慰的……"

一棵充满爱、奉献和谐美的大树

不知从什么时候开始，我的画笔已经牵引着各色颜料，在画布上游走了。我是如此饱含激情地画着眼前的这幅画，每根线条，每簇颜料，我都十分用心。

那粗壮的树干；那错落有致的枝条——有的显现在阳光下，有的隐藏在树叶背后；那裸露在地面上，却牵引着你的目光深入地下的树根；那一丛丛饱含着根的辛劳、树干和树枝关爱的绿意盎然的树叶，都渐渐显现在画布上……

这是一棵充满爱、奉献和谐美的大树。

——是一棵实实在在的树。

风

春天的风是最调皮的。

风在原野上跑啊跑啊，他看小草是怎么变绿的，他看草丛中开出一朵又一朵五彩的小花朵。

春天的风是最活泼的。

风在原野上跑啊跑啊，小树苗和他玩捉迷藏，小溪水听他讲好听的故事……

风跑累了，他坐在小池塘里的一片绿色荷叶上休息，一只红色小蜻蜓飞过来问："风大哥，你在干吗呢？"

风说："这里的风景真不错，我在荷叶上坐坐，瞧瞧池塘里的小蝌蚪，是怎么变成小青蛙的！"

…………

春天的风是最调皮、最活泼的。

令人陶醉的颜色

太阳从云层里露出脸来，把一束灿烂的光投向江边的一座山冈。江的对岸，在一只长长的、用竹子编成的竹筏上，蹲着一只鱼鹰，他兴奋地叫了起来："多美的山啊，多美的阳光啊！"

斜卧的山冈，在阳光的变幻下，显示出一片奇妙的色彩——

有黑色，那是云层在岩石上的投影；

有青色，那是阳光涂抹下的松树林；

有红色，那是守林人小砖房的反射；

有蓝色，那是清清江水怀抱着蓝天。

阳光高兴地说："这是我画的，这是我画的！"

鱼鹰拍拍翅膀，不以为然地说："不，还有人的功劳。你瞧，在江水的蓝色和松树林深沉的青色中间，有一片嫩绿而略带黄色的地带，那是一群少年朋友种下的小杉树在发芽舒叶，那是一片多好看的、充满生命活力的颜色。"

太阳不响了，当他注视着那一片小杉树林带的时候，从每一棵小杉树身上发出的颜色，就更令人陶醉了……

雕像是会说话的

雕像是会说话的。

我听到过。

我漫步在松花江畔，看见翠绿的树丛间，竖立着一座白色的雕像。这是一个胖胖的小男孩，正在拉着小提琴。他侧着头，仿佛在听琴弦上跳荡出来的乐曲声。

我的耳朵说："这胖胖的孩子在拉什么呢？可惜我一句也听不出来。"

我的眼睛说："不，我从胖孩子那一张可爱的小嘴里，听到了他的说话声。他说：'这小鸟的啾鸣声，这树丛的哗哗声，这小朋友们捉迷藏的欢叫声，不都是从我的琴弦上拉出来的吗？'多可爱的孩子。"

哦，我侧耳细听。果然这一切都是从这个小胖男孩的琴弦上拉出来的……

于是，我知道，雕像是会说话的——会和所有的眼睛说话。

森林和风

整个森林睡着了。

一丝风也没有，树叶纹丝不动。

猴子觉得无聊，松鼠感到寂寞，连小鸟也懒得歌唱了。

没有声响的森林，没有活力的森林，连素心兰的香味都凝结了，小溪也板着脸，好像她不再是流水了，而是一块玻璃……

为什么会这样呢？

小鸟想起来了，因为这里缺少风。整个森林睡着了。

一丝风也没有，树叶纹丝不动。

小鸟离开了森林，飞啊飞啊，她去遥远的草原，请来了顽皮的风姑娘。

风吹动了第一片树叶、第二片树叶，沙沙的响声，引来了小鸟的歌唱。

风吹动了树枝，树枝摇晃着，小猴、小松鼠以为伙伴们都出来游戏了，他们一起拥了出来，在枝头跳跃着，嬉闹着。

风吹动了素心兰，把她的香味带到了很远的地方，金色的小蜜蜂被花香引来了，嗡嗡地扇动着翅膀。

风也吹动了小溪水，小溪露出了一个个笑窝，一朵朵粉红色的睡莲，在水中晃动着，她们觉得自己晃动的倒影是那么美。

青蛙也乐得打起鼓，呱呱呱呱地欢叫着……

整个森林欢腾起来。

大伙儿都感谢风，谢谢活泼好动的风姑娘。

雨天，晴天，我们走进树林

雨天，我们走进树林。

林间的每一棵树都是一架绿色的钢琴。雨点就像活泼的、跳跃的小手指，在叶丛间弹奏着。

叮咚，叮咚……

沙啦，沙啦……

你细细地听吧，这里有圆舞曲，还有雄浑的交响乐……

晴天，我们走进树林。林间的每棵树都像一把撑开的绿伞。你抬头看不见阳光，看不见天。看到的只是密密麻麻、星星点点的叶片，只是纵横交错的枝条。

太阳晒不进来，太阳只能把一层又一层的树叶晒得有点发亮、透明，透明得就像绿色的翡翠一样。

松鼠在浓荫中跳来跳去，小鸟在浓荫中快乐歌唱。

它们在感谢林间的每棵树——它们真是一把把的伞，绿色的伞。

几片飘落的红叶

几片飘落的红叶。

飘落在山间的台阶上。

秋风阵阵吹来，红叶在台阶上窃窃私语。他们还随秋风姑姑的歌，跳着快乐的舞步。

小红叶们，一步步地往台阶下面跳。

台阶妈妈着急了，她说："别再往下跳了，下面是小溪，掉进小溪可危险了。"

小红叶们哈哈笑了，他们七嘴八舌地说："这正是我们向往的，我们要变成一只只红色的小船，让小溪姐姐带我们去旅行呢！"

是的，小红叶该去旅行了。

秋天的山野是最美丽的。

但　愿

森林要被砍伐了。

森林里的青松、白桦、红杉树都在沉思。

他们中间，有的会被运去做家具，有的要去架桥，有的要去做铁路上的枕木，有的要被当作柴火烧……

有一棵还没长大的小白桦树，他在想些什么呢？

小白桦在想："但愿我被送去做木浆，然后做成纸张。但愿我被送到一位孩子的手里，让他用褐色和绿色的蜡笔，在我的身上作画。"

小白桦轻轻叹一口气说："但愿小朋友画的是一棵又高又大的，能碰上白云的，上面还有小鸟做窝的白桦树。"

小雨点·画家·音乐家

小雨点落下来。

沙沙地落下来，谁也没注意他。

小雨点觉得自己太平凡了。

湖里有一丛绿色的荷叶。

荷叶上有两只青蛙。

青蛙正在有趣地谈论着。

有一只青蛙说：

"你注意过没有，我真喜欢这些小雨点，他们是了不起的画家。"

"他们在水面上画了很多圆圈，一个圆圈套一个圆圈，我怎么也看不厌。"

"了不起，"小青蛙说，"小雨点真是了不起的画家。"

另一只青蛙说：

"你注意过没有，我真喜欢这些小雨点，他们是了不起的音乐家。"

"他们在荷叶上弹琴，奏出了多么动听的音乐，沙沙沙，窣窣窣，笃笃笃，突突突……"

"我听啊，听啊，永远也听不够。"小青蛙侧耳细听了一会儿说，"小雨点真是妙极了的音乐家。"

于是，小雨点知道了，他不仅是颗非常平凡的小雨点。

——他还是个了不起的画家。

——他还是个妙极了的音乐家。

外婆讲故事的时候

外婆讲故事的时候，喜欢坐在院子里的小竹椅上；

外婆讲故事的时候，喜欢手拿一把蒲扇；

外婆讲故事的时候，喜欢头顶着满天的星星。

于是，外婆的故事里有着院子里栀子花的香味，外婆的故事里有着蒲扇扇出来的阵阵凉风，外婆的故事里还有着星星的闪烁。

你仔细听听，外婆讲故事的时候，还有竹椅吱呀吱呀的响声，还有远处青蛙和虫儿的低鸣……

童年，最快乐的时刻，是在院子里听外婆讲故事。

写在海边的歌

大 海

风起浪涌。

在呼啸的海风指挥下，浪涛唱起雄壮的歌，连礁石也被感染了。礁石挺直了峻峭的身子，迎着一个个摔打过来的浪花高呼着：

"来吧，再来一个！"

海燕也赶来凑热闹，在风口浪尖上飞翔着，狂舞着。

此刻，大海里年轻的鱼和虾、蟹，全都浮上海面，和着风的歌唱、浪的节拍，在跳着"哗啦哗啦舞"，他们互相撞击着，拍打着，兴奋地喊叫："好啊，这才是我们的大海！"

年长的鱼，还有那些满是皱纹的大海螺和砗磲，躲在大海的深处，那里静谧而安详。他们在平静的海中，在美丽的珊瑚礁边，思索着，养息着，悠闲地游动着。一只砗磲张开他的巨壳说："好啊，这才是我们的大海！"

舞 姿

有几棵椰树歪斜着身子，站立在海滨的沙滩上。

椰树婀娜多姿，仿佛她们正在跳着酣畅的舞蹈时，被定格在海滩上了。椰树彼此相望，露出愉快的微笑……海滩上留下了她们非常动人的剪影。

海浪涌来问椰树："是谁教会你们跳如此美丽的舞？"

椰树回答："是风。"

是海边的风暴让椰树舞蹈。长年累月，海滩上就留下椰树的舞姿。这婀娜多姿的舞姿中，透出的是刚健，是坚忍，是生命不屈的抗争……

小 船

椰树伸出头来，望着海滩。他在数海边停靠着的小船：

一只、两只、三只……小船是那么平静，平静得没有一点晃动。在海浪温柔的催眠谣中，小船睡了，睡得那么深沉。

椰树伸出头来，望着海滩。他在瞧着海边停靠着的小船：

一只、两只、三只……

海鸥绕着小船在轻捷地飞舞着，她们仿佛在和海风说："安静一点好吗？让小船安安稳稳地睡上一觉。"

椰树伸出头来，望着海滩。

他知道，即使在这宁静的睡眠中，小船的心也是晃动着的。此刻，小船们一定梦见，大海又起风浪了，自己迎着一个个扑面而来的激浪，劈波前进。那涛声，那浪头，那水花，时时撼动着他们的梦……

思念与欢乐

河水奔腾着，从几千里外来到海滨。

海妈妈敞开胸怀，欢迎着河水的到来。

河水翻腾着晶莹的浪花，流进海妈妈的怀里。

河水问海妈妈："你的水怎么这样咸啊？"

海妈妈说："这里有思念你们的泪花啊！"

海妈妈问河水："你的水怎么这样甜啊？"

河水说："这里有我们从崇山峻岭带来的清泉，是送给您的欢乐啊！"

海水和河水紧紧相拥，这是思念与欢乐的汇合。不一会儿，你再也分不清哪是海水哪是河水了……

浪花间的排球赛

伸向大海的一棵高大椰树，把一只圆圆的、沉沉的椰子抛向大海。

一群矫健活泼的海浪接住了椰子。

他们在大海里玩着抛掷椰子的游戏，仿佛在举行一场排球赛。浪花争先恐后地跳跃着，椰子忽上忽下，在一个个浪峰间传递，越漂越远。

海浪一边抛着椰子，一边议论着，把这只椰子抛向哪里。

一朵大大的海浪跳起来接住椰子说："把椰子抛向那个有着巨大礁石的海滩吧！"

"行啊。"许多海浪回应着，"大礁石是我们的好朋友，让椰子留在那里吧！"

"椰子能在那里长成一棵椰树吗？那里的土很贫瘠啊，海风也很大……"一朵小浪花有点担心。

"不怕。"所有的浪花都说，"你瞧，椰树妈妈不就长在海风呼啸的贫瘠沙土上吗？她的宝宝一定也很棒！"

这时，海浪们已经把椰子抛向了有着巨大礁石的海滩。海浪们七嘴八舌地对礁石说："礁石大哥，请好好照顾椰子哟，让他长成一棵椰树，你就会有一位漂亮的好朋友……"

礁石沉默着，但显得那么高兴。

脚印和大海

一个胖墩墩的小男孩。

他光着脚，从岸边一直向大海走去，在沙滩上留下一行深深的脚印。

远远看去，就像一条粗黑的锁链。

就在他留下的第一个脚印里，爬进一只小海蟹。这只海蟹生活在礁石后面，他来到世界上才一天。当他爬进这个深深的脚印中，里面还有一汪浅浅的水，小海蟹玩得很痛快，他说："这大概就是海了吧，海真好啊！"

一个瘦瘦的小男孩在边上听到，笑了。

小男孩拾起一根小棒，轻轻地挖着。他把胖男孩留下的这一行通向海边的脚印，一个个连接起来，然后再把海水顺着脚印引了进来。他看到小海蟹沿着这一个个脚印，又游又爬地向前跑去。

他想，当小海蟹第一眼看到大海时，一定会说："哦，这才是真正的大海！"

海边的城堡

海滩上，我用小铅桶，用铁铲，造一座城堡。

城堡的前面，有一条宽宽长长的路，城堡的后面，有高高低低的树。

我刚把城堡造好——

调皮的海浪冲来了。

我说："海浪，海浪，帮帮忙，别动我的城堡。"可是，海浪嘻嘻哈哈，抢走了我的城堡。

当我跺脚生气的时候，海浪又回过头来淘气地说："我知道，你明天会造一座更大的城堡！"

我笑了，我对海浪说："你们来吧，明天我准会送你们一座更大、更漂亮的城堡！"

白色的世界

一

雪下着，下着。

白絮般的雪下在原野上，下在小树上，下在房顶上。

这雪厚厚的，软软的，然而是冰冷冰冷的。

一个小女孩打开门，像一只彩色的小鸟飞到了雪地里。

她说："哦，白色的世界，多么美丽的白色世界啊！"

二

一朵很大的雪花飘在小姑娘的鼻子上，把小姑娘吓了一大跳。

雪花说："世界怎么是白色的呢？世界是五彩缤纷的。我们才是白色的，是白色的雪覆盖了五彩的世界。"

小姑娘说："那你们为什么要用白色来覆盖这五彩的世界呢？你们不爱这五彩的世界吗？"

三

雪花笑了，所有的雪花都笑了。他们说："我们太爱这五彩的世界了。

——我们要用白雪冻死地下的害虫，让它们再也不能作恶；

——我们要化作叮咚的流水，给万物带来甘泉；

——当我们白色的身躯消失后，将留下一个叶更绿、花更美、果实更加灿烂的五彩缤纷的世界……"

四

所有的雪花又一次笑了。他们高呼着："世界不是白色的。我们更爱五彩缤纷的世界！"

九十九年烦恼和一年快乐

老犀牛爷爷活了九十九岁了。

他糊里糊涂地过了九十九个年头。

他一辈子都在找东西，找自己的东西，找自己不知道放在哪里的东西。

大家知道，老犀牛爷爷从他还是娃娃的时候开始，记性就很差，他每天都要在找东西中花掉很多时间。

比如，上学了——他不知道书包放在哪儿；上课了——翻遍书包也找不到铅笔；回家了——他找遍所有的口袋无法找到开门的钥匙；在家做作业——他又发现课本放在教室里了……总之，他很糊涂！

到老了，他还是这样。每天清早，他要光着脚找鞋，然后端着茶缸，去找牙刷，找到牙刷后再去找牙膏，还没等到洗脸，已经花去整整两个小时。有人帮老犀牛爷爷算了一笔账，他在九十九年中，睡觉花了三十三年——这和大家一样。剩下的六十六年，他大概有六十个年头是在找东西——找自己的东西，只有六个年头是在干他应该干的事情。这话一点儿也不夸张，老犀牛爷爷自己也承认，他一辈子都在为这苦恼。小朋友们也许有这种体会吧，一直在找东西的人，心情是不会愉快的。老犀牛爷爷就因为找东西找得太多了，神经太紧张，得了心脏病和高血压。

就在老犀牛爷爷过了九十九岁生日后，他家旁边搬来了一位新邻居，这是一只浣熊。

浣熊小弟弟是非常爱干净的，老犀牛爷爷是在溪边认识他的。小浣熊常在溪边洗东西。手绢啦，汗衫啦，以及吃的东西，他样样都要洗。

浣熊的家里也干净极了，到处一尘不染。东西都井井有条，房间里没有一件乱放的东西，布置得就像商店的大橱窗一样，看上去又漂亮，又舒服。

不久，小浣熊来到老犀牛爷爷家里做客，一走进门，他吓了一跳，简直就像到了杂货仓库，到处是乱七八糟的东西，连脚都没处放，老犀牛爷爷想倒茶给客人喝，可是怎么也找不到茶杯。

小浣熊下定决心，要帮助老犀牛爷爷整理好屋子。他花了整整三天的时间，把屋子里一半没有用的东西扔了出去，剩下的一半每一件都洗了洗，洗得小溪水都发黑了。

老犀牛爷爷简直认不出自己的房子了，它是那么宽敞，那么明亮。他只有在剧场里看戏的时候，才看到过那么好看的屋子。

老犀牛爷爷脱下了皮靴，刚想钻到橱柜底下去找拖鞋，小浣熊说："不！拖鞋在床下。"老犀牛第一次，顺手就拿到了拖鞋，他高兴极了，笑得满脸起了皱纹。

天已经很晚了，老犀牛爷爷在干净暖和的床上睡下了。

第二天一早，当他翻身坐起时，想起了小浣熊昨天教他的歌：

> 拖鞋皮靴床底下，
> 窗台上面有牙刷，
> 面盆就在水池边，
> 花花毛巾墙角挂。
> 用完东西别乱放，
> 请把它们送回家。

平常两个小时也完不成的事情，今天十分钟就完成了，老犀牛惊奇极了。

早上的空气多么好，老犀牛想去河边散散步。以往他早上是没有时间散步的。他想钻到床底下去找鞋、帽和外套。突然，他想起了：

> 门后挂着，
> 围巾和帽。
> 柜里藏着，
> 衣服外套。
> 请你回家，
> 照样放好。

五分钟后，他就穿戴好出门了。走在小河边，他向遇到的所有的朋友们问好，他的心情好极了。朋友们也很高兴，第一次看到老犀牛爷爷穿得整整齐齐，一大清早就出来散步了。

不用说，打那以后，老犀牛爷爷的生活也变得井然有序了，他再也不用整天找东西，他的心脏病、高血压也好了。他整天笑容满面。

很不幸，就在他过了一百岁生日后，他患了重感冒，又得了肺炎，一病不起了。老犀牛知道自己的病没法治了，因为他年龄太大了。

他对来探望他的伙伴们说："我很愉快，我活了一百岁，可是过了九十九年烦恼的日子。多亏小浣熊的帮助，我这一年生活得真快活，我快活极了！但愿大家都能像我一样，不，像小浣熊一样，生活得有条有理。那样，一辈子都会愉快的。有条有理的生活，这多么好哇……"

老犀牛说完不久，就含笑离开了这个世界，在他咽气前的一刻，他还在轻轻地、高兴地念着：

拖鞋皮靴床底下，

窗台上面有牙刷。

……

用完东西别乱放，

请把它们送回家。

……

啄木鸟大夫的诊所

黄昏了。

棕熊爷爷喜欢在森林里散步。

今天散步的时候，他的两个小孙子——棕小小和棕大大都要跟着爷爷。

熊爷爷说："好吧，让我们一起去欣赏树林黄昏的景色吧！"

秋天到了。

这是树林最美的季节，一些树叶在树枝上沙沙地歌唱着；另一些树叶呢，在熊爷爷和他的孙子们的脚下沙沙地响着。

他们走啊走啊，走到了森林的丁字路口，棕小小在落叶堆里踩到一块硬硬的木板，便捡起了它。

熊爷爷接过木板一看，只见上面写着：啄木鸟大夫诊所→

原来是一块掉下来的指路牌。

"我们应该把它钉到树上去！"小熊哥儿俩举着木牌说。

"是呀，可是我们把它钉在哪儿呢？这里是丁字路口啊！"熊爷爷说。

这事真让人犯愁——

"有了！"棕小小突然叫了起来，"我们不是三个人嘛。"

"妙极了！"熊爷爷说，"你是说我们三个分头去探探路，走一下是吗？"

于是，爷孙三个，一个朝前，一个朝左，一个朝右，分头走去。

当夕阳收起最后的余晖时，熊爷爷和他的孙子们走了回来。

棕小小说："往前走是熊猫先生的百货店！"

棕大大说："往左走是豪猪太太的照相馆！"

熊爷爷说："往右走才是啄木鸟大夫的诊所，他正在为病人治病呢！"

熊爷爷在他的两个孙子的帮助下，把木牌钉在朝右的路口。

这时，天边升起了一轮好圆好圆的月亮。

月光下，他们三个瞧着树干上高高挂着的那块牌子——

啄木鸟大夫诊所→

呱唧獾和哼哼熊钓鱼

　　呱唧獾爱讲话，从早到晚嘴巴呱唧呱唧停不下来；哼哼熊呢，不喜欢讲话，就爱独自轻轻地哼哼歌。

　　性格脾气不同，并不妨碍他们成为一对朋友。

　　那一天，呱唧獾和哼哼熊约着一起去河边钓鱼。

　　他们把钓竿伸向河心，不住地瞧瞧漂在河面上的鱼漂。

　　呱唧獾开始呱唧呱唧地讲着一个个故事。可是哼哼熊一句也没搭理。

　　钓了半天没钓到鱼。

　　哼哼熊说："瞧你，呱唧个没完，鱼都被你吓跑了！"

　　就在这时，只见哼哼熊的鱼漂动了，他一提钓竿，钓上了一条很大的鱼。

　　"谁说我把鱼吓跑了。这不，一条喜欢听我故事的鱼来了！"

　　呱唧獾同情地瞧着那条鱼，说："你是因为爱听我讲故事，才赶来的吗？"

　　鱼的嘴巴一张一合，一张一合，仿佛在说："是的，是的……"

　　哼哼熊想把鱼扔进鱼篓里。

　　鱼的嘴巴还在不住地动着，呱唧獾说："多可怜，一条爱听故事的鱼。"

　　呱唧獾央求哼哼熊说："这条鱼是我的朋友，你放了它吧，我会谢谢你的！"

　　哼哼熊没法拒绝老朋友的请求，便放走了鱼。

两个朋友又开始钓鱼。

为了也钓到一条鱼，呱唧獾专心注视着鱼漂，不再呱唧。

可是这时候，哼哼熊却忍不住独自哼哼起歌来："水波儿，水波儿，哩哩，藏着小鱼儿，小鱼儿，哩哩……"

钓了半天没钓上鱼，呱唧獾忍不住了："哩哩什么呀，鱼都让你唱跑了！"

也就在这时候，呱唧獾的鱼漂动了，他一提钓竿，鱼钩上一条鱼在扑腾着。

"多可怜，这一定也是条爱哼哼的鱼，我哼哼的歌吸引了它。"

呱唧獾拿下了鱼，鱼的嘴巴还在一张一合，仿佛在哼唱它最后的歌。

哼哼熊忍不住对呱唧獾说："我也得求求你，放了我的爱哼哼的朋友吧！"

呱唧獾瞧了老朋友一眼，二话不说把鱼放回了河里。

接下来，两个朋友再也没有钓到一条鱼。

当他们扛着钓竿，提着空空的鱼篓走在回家的路上时，他们的心情很快乐——

呱唧獾依旧讲他呱唧呱唧的故事，哼哼熊呢，轻轻地哼着自己心爱的歌……

躲在树上的雨

春天过去了。

小鼹鼠盼望着第一阵夏雨的到来。他天天盼。

一个闷热的午后。

小鼹鼠在洞里睡熟了，睡得好熟好熟。

一声低沉的雷声，没有能惊醒他；一阵沙沙的大风，也没有惊醒他。紧接着，小鼹鼠盼望了好久的夏雨，淅淅沥沥地来了，哗啦哗啦地来了。

等到小鼹鼠睡醒了，他听到洞外仿佛有雨声，便一阵风似地冲了出来。

可是，晚了。雨停了，风停了，太阳公公从一朵云后面探出脸来，朝小鼹鼠笑着。

小鼹鼠笑不出来，他快要哭了，他好伤心。

这时，一只小黑熊走了过来，当他问清了小鼹鼠为什么不高兴时，就笑了。

他领着小鼹鼠来到一棵梧桐树下，小黑熊说："准备着吧，鼹鼠先生，今年的第一场夏雨来了！"说完，就使劲儿地摇着梧桐树，停在树叶上的水珠儿淅淅沥沥地落下来，就跟最密的雨点儿一样。

小鼹鼠抬着头，张开双臂喊了起来："哦，第一场夏雨来了，多凉快，多舒服，多叫人高兴！"

雨点儿把小鼹鼠淋个透湿，小黑熊自己也湿透了。

小鼹鼠对小黑熊说："谢谢你，小黑熊先生，你送给了我一阵雨，一阵躲在树上的夏雨……"

第五只气球

森林里的果子都熟了。

小熊阿黑采来一只红苹果，狐狸阿红采到一只金黄的梨，兔子白白和小獾阿花采到的是一只橘子和一串紫葡萄。

伙伴们一起走过刺猬巫婆家的门口，只见刺猬巫婆正在往一只大缸里倒各种颜色的水，嘴里还不住地咕噜咕噜念着什么。

狐狸阿红问刺猬巫婆："你这缸里是什么？它能变出东西来吗？"

"这是魔水，你们想要变什么？"

"我们想变各种颜色的气球，牵在手里真好玩儿。"小獾阿花说。

"行啊，你们只要把手中的果子扔进缸里，我的魔水就能让它们变成红色的苹果气球，金色的梨子气球，橙色的橘子气球和紫色的葡萄气球，它们飘在空中可好看了。"

"气球还能变回来吗？"小熊有点儿舍不得他香香的红苹果。

"当然能变回来。"

"那帮我们变。"四个伙伴送上他们的果子。

刺猬巫婆又在缸里加了一种颜色蓝蓝的水。她把四种果子全浸进缸里，嘟嘟地念起咒语来。

突然刺猬巫婆大声叫了起来："糟糕，你们得快点儿准备绳子。要不，这些气球会很快地飞上天空！"

四个伙伴中数兔子跑得最快，他撒腿从家中取来了绳子，可是没等他跑到刺猬巫婆家门口，只见那里已经飞起四只大气球。

看见兔子赶来，熊、狐狸和獾都大叫："迟了！迟了！"

狐狸阿红瞧了瞧飞上天的四只气球，他对兔子说："快用绳子绑住我的一只脚！"

"绑你干什么？"兔子有点儿摸不着头脑。

只听狐狸说："快！快！"

兔子赶快用细绳绑住了狐狸阿红的脚。只见狐狸纵身跳进了刺猬巫婆的缸里，不一会儿就从缸里飘起一只大气球——狐狸阿红气球。

不过，这第五只气球是用绳子拴着的。

狐狸阿红气球飞到空中，用他那大大的尾巴把四只气球赶在一起，然后用双臂抱住这四只气球。下面的伙伴拽住绳子，把五只气球都拉回了地面。

熊、兔子和獾玩起了这五只气球。

天色不早了，他们收起气球，问刺猬巫婆怎么才能让气球变回来。

"等吧，气球总会变回来的！"刺猬巫婆有点儿漫不经心地说。

"等多久？"

"我也闹不清楚，我只知道它们能变回来。"刺猬巫婆说完就关上门回屋了。

"快把我们的狐狸阿红变回来！"三个着急的伙伴使劲儿敲着门，可是刺猬巫婆就是不理。

三个伙伴拽住五只气球回到小熊阿黑的家里，他们围坐在一起，守着这五只气球。

太阳慢慢落山了。

月亮渐渐升起了。

五只气球还没有变回来，小兔白白和小獾阿花急得快哭了。小熊说："别急别急，我相信它们能变回来！"

"到底等多久呢？"小兔忍不住哭了，因为是他拴住了狐狸阿红的脚，他才变成气球追上天的。

"狐狸阿红，你要过多久才能回到我们身边？"小熊阿黑也快哭了。

这时，天上出现了一颗又一颗的星星，满天星星眨巴着眼睛，惊奇地瞧着这三个焦急的小伙伴和五只气球……

三个伙伴等得快打瞌睡了，就在这时，天边突然划过一道光亮——一颗流星飞过。

几乎同时，三个伙伴一起大声叫了起来："快把五只气球变回来！"

原来他们想起，老人们说过，见到流星的一瞬间许个愿，这个愿望就会实现。

刹那间，只见小熊家的桌子上，放着红红的苹果，金黄的梨，还有橙色的橘子和紫色的葡萄。

狐狸阿红呢，正瞧着这些果子发呆。

三个伙伴紧紧抱住狐狸阿红，他们跳哇笑哇，乐成一团。

就在吃着香甜果子时，伙伴们没有忘记请狐狸阿红说说，他在天上都看见些什么……

象先生客厅里的画

象先生是位画家，远近闻名。

森林里的伙伴们都喜欢请他作画。他画的小河、榕树、草地、朝霞，哪怕是溪边的几块小小的鹅卵石，都是那么的美丽，叫人看了感到舒服。

　　那一天，象先生来到河边，他支起了画架，准备画一幅写生画。这是森林的一角，他要把它画下来，再配上一个精致的画框，挂在那新建屋子的小客厅里。那样，无论谁来到他家，就跟在森林里一模一样，又自在，又愉快。

　　夏天快要过去了，森林的一角真是美极了。虽说地上开始有了落叶，可是森林还是那么的绿，绿得无边无际，好像你把世界上所有的绿颜料都用上，也画不尽似的。

　　象先生开始作画了，他画了树干，画了绿叶，画了蓝蓝的天空，画了天空中飞着的五彩的鸟，还画了几朵白云。这时象先生的画架吸引了越来越多的伙伴，大家不声不响地看着，不时发出轻轻的赞叹声。这轻微的，然而是真情的声音，在象先生听来，就如树叶的沙沙声响一样，并不妨碍他作画。

　　当所有的都画好了以后，象先生退后几步，仔细端详了一下。他走近画架，拿着画笔的手停在半空中，凝视着前面，看了好久，才开始动笔画，大家以为他一定是要画上什么令人吃惊的东西。因此，你可以看见，此刻伙伴们的眼睛都瞪得大大的，连轻微的赞叹声也没有了，仿佛大家都变成树，一动不动的树，在注视着象先生的画。

　　象先生开始落笔了，笔落在森林的地面上。他没有画蒲公英，没有画金盏花，也没有画一只奔跑过去的小花鹿。渐渐地，大家看出来了，这是在画落叶。

　　一片，两片，三片，四片，五片……他画了好多的落叶，有正面的，有反面的，有侧面的。有的姿势很好看，有的被掩藏在草丛里，只露出一个尖尖角。

　　不知谁叹了一口气，这不是赞叹声，而是一种带有一点儿惋惜，带有一点儿不满，带有一点儿失望的叹息声。

　　有一只小松鼠终于憋不住了，他问象先生："您这幅画画得多好，可是干吗还要画上这些落叶呢，而且画得那么认真？"

"是呀，你省下时间来还可以再画一幅更好的画呢！"老犀牛先生也忍不住插嘴了。

象先生没有回答，而是全神贯注地画完了他的最后一片落叶，好像他画的不是落叶，而是国王头上的王冠一样，一点儿也不马虎。

大家听不到象先生的回答，很失望，但没人再吭一声，因为，艺术家在工作的时候，是不能多打扰的。

这时象先生倒退几步，眯缝起眼睛看了起来。这确实是一幅好画，绿绿的森林，蓝蓝的天空，白白的云彩，五彩的飞鸟，金色的落叶，有什么可指责的呢？每一样东西都不能少，它们结合得多巧妙！

忽然，象先生转过脸来，朝大伙儿笑了，笑得那么天真，那么慈祥，跟刚才作画时严肃的神情，形成强烈的对比。

"朋友们，"象先生终于讲话了，"你们为什么不愿意我画落叶呢？你们大概瞧不起落叶吧，它已经没有生命了是吗？不！我是很爱落叶的，它真了不起，当它还是娃娃的时候——那嫩绿的小芽，给我们带来了希望；当它变成一片片绿叶时，带给我们荫凉，还给大树制造营养；它的很多伙伴，还成了我们其中几位的食粮。"

听到这里，小鹿、山羊、斑马都点头称是。

象先生继续往下说："如今，它们老了，它们为了给大树省下些营养，自己飘下了树，变成一片片没有生命的落叶。然后，它们把自己化作肥料，再钻进大树，变成春天的幼芽、夏天的绿叶，让大树长得更粗壮，让我们的森林越来越茂盛，越来越兴旺，我们能不感谢落叶吗？"

最先被感动的是小松鼠，他说："我真傻，我怎么没想到这些。当我和伙伴们在绿叶丛中捉迷藏时，应该想到这些绿叶才是。"

老犀牛也感动了："是呀，现在我才知道，为什么象先生画的森林总是那么美，因为他对森林的一草一木，甚至一片落叶，都充满了感情。"

小鹿听了也高兴地说："你瞧，象先生画的落叶多美呀！那橘黄的色彩和绿色的树丛，安排在一个画面里，真是美极了！"

刺猬说："我同意小鹿说的，落叶本身也是够美的，它还会唱歌呢。当我在落叶上走过，它发出一阵声音，这声音多妙，这是它献给森林的最后的歌，谁听了都会感动的。"

象先生笑着说："刺猬先生是个了不起的艺术欣赏家。可惜，我没能把落叶的歌画进去，我会学着画的，用笔把歌画出来，你们信吗？"

伙伴们高兴地叫着："信！"

象先生的画，被挂进了新客厅。当大家欣赏这幅作品时，都会被画上的落叶所吸引。坐在象先生的客厅里，就像坐在大森林里一样，一阵微风从窗外飘进来，大家仿佛看到了落叶在飘动，发出沙沙的响声。

不知谁说了句："啊，我听到了象先生用笔画出来的歌了……"

老鼹鼠七粒儿

一

我认识一只名字会换来换去的老鼹鼠，他的名字叫七粒儿。

老鼹鼠的胃口不是很大，他每天早晨、中午和晚上，每餐都只吃七粒谷子，所以名字就叫七粒儿。再说，老鼹鼠家中的存粮也不丰裕，每餐饭吃七粒谷子，日子也是过得紧巴巴的。

那天，老鼹鼠七粒儿算着家中还有多少存粮，够不够吃到明年的春天。他算来又算去，还缺一个月的粮。这事让七粒儿有点儿发愁，他要是不在冬天前补充家中的粮食，冬天的最后一个月，他会挨饿。

再种谷子是来不及了，那是春天才干的活儿。他必须出门去捡树下还没有被人捡走的干果子，刨埋藏在地下的一些植物的块根。

说实话，这些干果子和植物的块根，并不像谷子那么又香又脆，嚼起来好吃。可是为了不挨饿，他必须以那些味儿酸酸，又苦又涩的干果子和块根作为自己的补充食物。

二

那天，七粒儿又去寻找食物了。

他经过路边的一幢小房子前，看见有一个小男孩鼹鼠在伤心地哭泣。

七粒儿问小鼹鼠怎么了。

小鼹鼠指着已经被破坏得东倒西歪的小屋说，昨天晚上有两只凶恶的黄鼠狼闯进他们的家，抢劫了他们家的东西，还吃掉了他的爸爸和妈妈。幸亏小鼹鼠个头小，爸爸把他藏进小壁橱里，才没被发现。

七粒儿瞧着这只可怜的小鼹鼠，决心收养他，要不小鼹鼠还会遭受更大的不幸。

瞧着眼前这位很慈祥很温和的老鼹鼠，小鼹鼠不再哭泣。他抹干眼泪说："我可以叫你爷爷吗？"

"当然可以，你叫我的名字七粒儿也行。"

"不，我还是叫你爷爷，谢谢你收留我！"小鼹鼠跟着七粒儿回家了。在七粒儿的家中，小鼹鼠每餐饭能吃上四粒谷子，七粒儿呢他只能吃三粒谷子。因为他觉得小鼹鼠正在长身体，必须吃得多一点儿。自己吃少一点儿没关系，实在饿了，他就吃些干果子和块根。

从此，那只小鼹鼠的名字叫四粒儿，老鼹鼠七粒儿的名字，也就换成了三粒儿。

三

一天，老鼹鼠三粒儿正从外面找食物回来，他看见小鼹鼠四粒儿独自在桌前数着什么。老鼹鼠上前一看，桌上放着一只小布袋，四粒儿正在数着一小堆金黄的谷粒："一粒，两粒，三粒，四粒……"

啊，小鼹鼠身上还藏着那么多的谷粒。

老鼹鼠很生气，他对小鼹鼠四粒儿说："我省下口中的粮食养活你，而你却藏着那么多谷粒独自享受，真没良心……"

听到这话，小鼹鼠四粒儿跑到门外伤心地哭了起来，他哭了整整一个上午。

老鼹鼠三粒儿想，一个没良心的孩子是不会哭得这样伤心的，他会不会受了什么委屈？

老鼹鼠过来问小鼹鼠，小鼹鼠说："我不是一只没良心的鼹鼠。这是我爸爸藏起来的谷种，爸爸说过，这是非常优良的谷种，明年春天种下它就能收获很多颗粒饱满的谷子，我们再饿也不能吃一粒。"

"你一粒都没吃？"

"是的。当黄鼠狼闯进我们的家，我躲在壁橱里，怀里揣着这苞谷种，我饿得头昏眼花也没有吃过一粒。后来遇见了你，我想等明年春天给你一个惊喜，只要种下这些谷子，我的鼹鼠爷爷就会有吃不完的谷子了……"

老鼹鼠上前使劲儿抱住了小鼹鼠四粒儿说："三粒儿这个老东西真不讲理，错怪了小鼹鼠四粒儿！"

"不，爷爷，你是最疼我的好爷爷！"

四

第二年春天，老鼹鼠三粒儿和小鼹鼠四粒儿一起种下了这些谷子。在他们的辛勤耕作下，这些谷子长成了非常好的庄稼，他们获得了丰收。

老鼹鼠三粒儿，从来没有收获过那么多的谷子。

瞧着满仓金灿灿的谷粒，小鼹鼠四粒儿说："我们有吃不完的谷子了！"

"不。"老鼹鼠三粒儿亲切地对小鼹鼠四粒儿说，"世界上没有吃不完的谷子，只有收获不完的谷子。再说，这谷子品种太好了，我们得送一些给朋友们，让大伙儿都能种出好庄稼来。"

"太好了！"小鼹鼠四粒儿说，"我们得省着点儿吃，多给朋友们送去一些颗粒饱满的谷子……"

五

从这一天开始，老鼹鼠每餐饭能吃上六粒谷子了。他说这足够了，因为他变得更老，胃口没有以前那么大了。小鼹鼠呢，老鼹鼠认为他长成大鼹鼠了，必须吃得更多，每餐饭要吃上九粒谷子。

打这以后，老鼹鼠六粒儿和小鼹鼠九粒儿，时常背上金灿灿的谷粒，去朋友家串门……

草丛里奔跑的苹果

小獾在院子里干了一天的活，傍晚时他肚子好饿。

小獾决定为自己下一锅面条。

"我是一只爱吃面条的獾。当然，面条里要能加上些胡萝卜和青菜更好……"

小獾自言自语地走进厨房，他突然发现厨房里没有胡萝卜和青菜，连做面条的面粉也用完了。

他瞧瞧窗外，天色已晚，商店早关门了。

小獾来到小刺猬家，向好朋友借点儿面粉。小刺猬很高兴地把面粉借给了小獾。小獾捧着面粉回家去了。

小獾刚走到小刺猬家的苹果树下，小刺猬从后面追上来说："给你这个，你最喜欢在面条里加胡萝卜和青菜了！"

接过小刺猬递上的胡萝卜和青菜，小獾说："谢谢好朋友，你想得真周到！"

回家吃完面条，小獾拍拍自己吃得很饱的肚子说："小刺猬帮助了我，我也该帮他干点儿什么。"

这天晚上，小獾的窗前升起一轮又圆又大的月亮，月亮瞧见小獾围着一堆木头又锯又刨，一直忙到很晚很晚……

第二天清早，小刺猬打开门一看，门外放着一个高高的凳子，凳子一边有一根横档，另一边却有着好几根横档，小刺猬说："真是一个奇怪的凳子！"

凳子上还有一张字条：

小刺猬，你个子矮，坐在我的身上你能望见远处的风景。你还可以把我当梯子，去摘你院里的苹果。

——你的凳子

"这正是我需要的凳子。"

小刺猬把凳子搬到窗前，踩着凳子边上一格格的横档，坐上了凳子。他望见远处正升起一轮红红的太阳，还有美丽的彩霞。他还瞧见，自己院里的苹果树上，还有几个又红又大的苹果，以前因为没有梯子采不到它们。小刺猬拍拍坐着的凳子说："这下可好了！"

小刺猬把凳子搬到苹果树下，他踩上一格格的横档，凳子变成很合适的梯子，他采下了苹果。

小刺猬家门前的草丛里，有两个红红的大苹果，正向小獾家跑去——苹果怎么会奔跑呢？聪明的小朋友，你一定猜出这草丛里的秘密了吧？

猫打呼噜旅馆

有一天，一个旅行团来到森林旅馆。

河马经理和浣熊小姐忙着接待客人。大伙儿坐在旅馆的大厅里，等候着浣熊小姐给他们安排房间。

旅途太劳累了，没过一会儿，大伙儿开始打起瞌睡来。

漂亮的松鼠小姐，头朝前一冲一颠的。犀牛太太倚着墙，睡得很沉。两只小兔子头靠在一起，也睡着了。最有趣的是猫女士，她一合眼就打起呼噜来了——

"呼——噜！"

"呼——噜！"

那声音把大伙儿都惊醒了。松鼠小姐吃了一惊，她说："只有老爷爷才会打呼噜，怎么女士也打起呼噜来了呢？"

獾太太也奇怪地说："女士的呼噜打得这么响，我也是头一回听到！"

浣熊小姐开始分房间了。松鼠小姐第一个喊叫起来："我不愿意和猫女士一起住，她的呼噜会闹得我整夜睡不着的。"

两只小兔子也摇头说："我们不想和猫女士住在一起，听见她的呼噜，我们还以为是老虎来了呢！"

獾先生和獾太太也说："我们喜欢安静，不喜欢别人来惊扰，请把猫女士分得离我们远一点儿。"

只有犀牛太太说："猫打呼噜，挺平常的事儿，就让我和猫女士一起住吧。"

第二天，天蒙蒙亮。旅馆的大厅里热闹起来。

松鼠小姐哭哭啼啼的，她的小脚指头上包着纱布。原来，松鼠小姐爱漂亮，她的脚趾上，都涂着香喷喷的红色指甲油。有一只老鼠以为那是一块糖，就使劲儿地咬了一口，咬掉了松鼠小姐的小半截脚指头。

两只小兔子呢，无精打采地说："我们一晚上都没睡着，老鼠们在我们的房间开联欢会。"

獾太太皱着眉头说："我们带来的干粮，让老鼠给掏光了，獾先生的西装也被老鼠咬了一个洞。"

只有犀牛太太精神最好，她说："哎呀，我睡得好极了。我这才知道，猫女士白天睡觉打呼噜，晚上她一晚都没睡，忙着捉老鼠呢。房间里静悄悄的，我睡得可香甜了。"

大伙儿问："猫女士呢，现在在哪里？"

犀牛太太说："这不，我起来了，她开始睡着打呼噜。呼——噜，

呼——噜，她睡得真香，可这对我一点儿影响也没有。"

大伙儿非常羡慕犀牛太太。

第二天晚上，猫女士成了贵客。上半夜，她在松鼠小姐和小兔子的房间里。下半夜呢，她守候在獾先生和獾太太的房间里。

这一夜，她一共逮住了二十八只老鼠。

整个旅馆里的客人们，都睡得那么香甜。由于昨天晚上大家都没睡好，这一夜，连河马经理和浣熊小姐一起，大家都打起了呼噜。

"呼——噜！"

"呼——噜！"

那声音真好听。

猫女士捉完了老鼠，在旅馆的尖房顶上休息，她侧耳细听，周围安静极了。

在月亮和星星的照耀下，整座旅馆像一头蹲伏在黑夜里的巨兽，在一下一下地打着呼噜——

"呼——噜！"

"呼——噜！"

整座旅馆睡得熟极了，舒服极了……

第三天，当大伙儿吃过早饭，在森林里散步时，猫女士呢？

她正在房间里睡觉，该轮到她打呼噜了。

河马经理和浣熊小姐，非常感谢猫女士帮他们除掉了一直让他们头痛的鼠害。他们俩非常欢迎猫女士常来这里住，他们愿意为猫女士提供最好的房间和最周到的服务。

河马经理征得猫女士的同意，把旅馆的名字改成"猫打呼噜旅馆"。远近的客人们，都喜欢来住这家有名的旅馆。因为这里最安静、最干净。

至于老鼠呢，躲得远远的，因为他们知道，这座旅馆名叫"猫打呼噜旅馆"。

躲在信箱里的鸟

　　小熊琪琪会做木工活，他给自己做了一个宽宽大大的信箱，并把它挂在院子外的篱笆上。

　　信箱很漂亮，厚厚实实的，信箱塞信的口开得很大，因为他想没准儿谁会给他寄很厚的信或好看的书来。

　　小熊琪琪每天都打开信箱看看有没有他的信。但他一次也没有收到过信。他在远方没有一个亲戚，没有一个朋友，谁也不会给他写信。

　　小熊琪琪多么盼望有人能给他寄一封信来，他能倚在信箱边上，迫不及待地读一封远方的来信，这是一种多么温馨的享受！

　　有一天，他打开信箱，竟然发现信箱里躺着一封信。

　　信上只有短短的一句话——小熊先生：你好，谢谢。

　　这是谁寄来的呢？小熊琪琪左思右想，弄不清楚。

　　第二天他打开信箱，又收到了一封信，打开信一看，还是这句话——小熊先生：你好，谢谢。

　　又过了许多日子，他每天都收到这样的一封信，刮风下雨也不例外。

　　终于有一天，小熊琪琪想，无论如何也要弄清楚究竟是谁在给他写信。他一整天都守在信箱前，看看信是怎么寄来的。

　　邮递员鸵鸟先生骑着自行车送信来了，可他走过小熊琪琪门前，根本没朝小熊琪琪的信箱看一眼，就吹着口哨过去了。

一直到晚上，都没有人走近信箱。

小熊琪琪垂头丧气地打开信箱一看，里面竟然又有一封信，信上写着——小熊先生：你好，谢谢。

小熊琪琪简直傻眼了。

又过了几天，小熊琪琪收到的信突然不一样了，上面写着——小熊先生：你好，你好，你好，你好。谢谢，谢谢，谢谢，谢谢。

这真让人摸不着头脑。

小熊琪琪背着手，在信箱前面一圈又一圈地走着，他搞不懂这是怎么回事，是哪个调皮的小精灵给他写的信。

小熊琪琪瞪着信箱大大的塞信口，突然有了个奇怪的想法。小熊琪琪打开信箱的门，朝里面上下左右看了个仔细，终于在信箱的右上角，发现了一个小小的鸟巢。

鸟巢里蹲着鸟妈妈和她的三个小不点儿孩子。

小熊琪琪惊奇地问鸟妈妈："每次都是你给我写信吗？"

"是的。"鸟妈妈不好意思地说。

"你为什么要给我写信呢？而且，为什么最近写的内容和从前不一样了呢？"

鸟妈妈说："因为你做了个非常好的信箱。它不光是个信箱，还可以做我的窝，我住在这里又安静，又能避风雨，好极了。所以，我每天都要写信谢谢你。"

"是吗？这可太妙了！"小熊琪琪高兴地说。

"以前是我一个人谢谢你。现在，我孵出了三只小鸟，所以是我们四个一起谢谢你。将来我们还要分别给你写信。"鸟妈妈真诚地说着，三只小鸟也在边上点头。

"我也要说谢谢，谢谢，谢谢，谢谢。谢谢你们四个，你们的信真让我高兴。"小熊琪琪笑着说。

从此，小熊琪琪再也不用担心没人给他写信了。他每天从信箱里收到四封信，四封写得极妙的信。

小鸟们渐渐长大了。他们每天从信箱的塞信口飞出飞进，快乐极了。

小熊琪琪呢，他在想："也许我得做个更大一点儿的信箱了，里面得住得下四户人家，到那时我就能收到鸟儿的一大沓来信了。"

小熊琪琪又在锯木头了，他要把这只新的信箱造得像一幢小小的楼房，他还要在信箱上开四扇小窗，可以让鸟儿探出头来快活地张望。

会说话的稻草堆

黑熊阿笨并不是一只很笨的熊。

可是为什么有人爱叫他笨熊呢？

就因为阿笨走路总是慢慢的，想事情也总是慢慢的。

其实有谁知道，阿笨走得慢，是因为他走路时还在动脑筋；阿笨想事情慢，是因为他总是想让自己想得仔细一些。

这不，黑熊阿笨从镇上回家，他走在收割后的田野上，走得很慢很慢。他还在想着刚才在镇上看到的一个布告，他细细想着这布告都说了些什么。

阿笨看见田野上有几个靠得很近的稻草堆，当他走近时突然听见有个稻草堆说起了话："来者是笨蛋黑熊吗？"

"不，我是黑熊阿笨！"

"你是一只笨透了、傻极了的熊！"

"不是，我不笨也不傻，只是名字叫阿笨。"

"不笨就好。"这时，边上另一个更大一点儿的稻草堆也说起了话，"要知道，我们是两个很厉害的稻草堆！"

"怎么个厉害法？"阿笨不明白。

"我能跑到你家去，在自己身上点着火，把你们全家烧得干干净净！"那个小一点儿的稻草堆恶狠狠地说。

"你真能干那事吗？"阿笨有点儿害怕地问。

"能！"另一个稻草堆说，"不过，要是你能帮我们的忙，我会从我的肚子里变出很多甜甜的蜂蜜，可以让你吃个够。"

"真的吗？"阿笨好像馋得口水都要流下来了，"蜂蜜太好吃了。"

"那还等什么呢？快帮我们找点儿吃的东西，我们都饿坏了……"

"稻草堆也会肚子饿吗？"阿笨有点儿傻傻地问。

"当然会肚子饿，不信你来听听。"

"你们的肚子在哪里？"

"在朝着太阳的这一面。"

阿笨先把耳朵贴近那个较小的稻草堆，他真的听到稻草堆的肚子发出咕噜咕噜的响声；阿笨听了听那个较大的稻草堆，那里发出的咕噜声更响。

"哎，你的肚子在唱歌呢！"

"那还等什么呢？快帮我找来一只鸡！"

"笨熊少废话，快给我送上一只鸭！"

听着两个稻草堆恶狠狠的叫喊，黑熊阿笨不慌不忙地说："我想问一下这位稻草堆先生，要是我找来一只鸡，送进你嘴巴的左边呢，还是右边？"

"当然是嘴巴的左边！"

"我想再问下这边的稻草堆先生，要是我找来一只鸭，送进你嘴巴的哪边？"

"当然是嘴巴的右边，这很重要吗？"

"很重要，你们的嘴巴长在哪里？"

"当然和肚子一个方向，笨蛋！"两个稻草堆一起嚷了起来。

"让我看看，不会有错吧？"阿笨从稻草堆的前面绕到后面。他猛一伸手，从两个稻草堆的后面扯出两条大尾巴，一条大尾巴连着一只狐狸，另一条大尾巴连着一只狼。

"哈哈，我早就猜出是你们两个。"黑熊说，"我刚才在镇上看了布告，通缉两个偷鸡偷鸭的盗贼，一个嘴巴左边有伤，一个嘴巴右边有伤，刚才你们的回答露出了尾巴，让我揪住了！"

就这样，黑熊阿笨左手提着狐狸，右手提着狼向镇上走去。

你能说，这个走路慢慢、想事情慢慢的黑熊，真是一只很笨的熊吗？

美丽的箭头村

爱旅行的毛驴阿灰，走进一片山谷，他立即被这幽静的景色迷住了。

山谷的一边是树林和草地，山谷的另一边是一条清澈的小溪。在一片很开阔的山谷坡地上，有一片白杨树林。

毛驴很爱这片坡地，他在这儿选了一幢小小的房子，独自住在这里。他还在门前的树林和小溪边上，开辟了一条小路，小路一直通往山谷外面。

"没有比这更美丽的地方了！"毛驴自豪地说。他曾经游历过很多地方，有理由这么说。

每天太阳一早升起，毛驴就走出家门，欣赏山谷里的美丽景色，倾听着鸟儿的歌唱和小溪的淙淙流淌。

傍晚，毛驴独自走在通往山谷外的小路，心中有说不出的欢畅。

一天清晨，毛驴忽然觉得，这么美丽的山谷，不应该由自己独享。他想，一定会有更多的人喜欢上这里的。毛驴很愿意和一些热爱大自然的朋友，分享这儿的景色。

"怎样让人们发现这里呢？"毛驴问自己，"这片美丽的景色隐藏得很巧妙呢！"

就在第二天早上，毛驴扛着小铁铲，来到山谷外的草地上，他沿着自己开辟的小路，种下一片又一片花草。

他把每一片花草都种成箭头状的，那箭头一个连一个指向山谷，指向他居住的地方。

不久，同样爱旅行的刺猬、豪猪、小熊经过这里时，他们看见这里有紫云英花组成的紫色箭头，太阳花组成的金色箭头，还有矢车菊组成的蓝色箭头……这一片片闪耀着鲜艳色彩的箭头指向同一个方向。他们沿着这一个个箭头，一直走进山谷，看到了毛驴造在山坡上的一幢并不太大，却是非常美丽的小楼。

这些爱旅行的朋友，都成了与毛驴共享美景的好邻居。山坡上开始出现一幢又一幢的彩色小房子。

如今，原先空无一人的山坡上，出现了一个小村落，人们把这儿叫作箭头村——

毛驴和他的朋友们的箭头村。

一只善于开导的老鼠

一只小老鼠，一只心情开朗、情绪乐观的小老鼠，今天想出门走走，他穿戴整齐，高高兴兴地出门了。

他刚走到白鼻子小狼的门口，就被怒气冲冲的小狼给截住了。白鼻子小狼这次期中考试考了个全班第七名，他落后讨厌的尖嘴狐狸阿珍姑娘整整六名，别提有多恼火了。所以，当他看见一只穿戴整齐，昂首阔步走来的小老鼠，就拿他撒气了。

他揍了小老鼠一顿，把小老鼠的衣服也弄脏了，帽子也打飞了。

小老鼠没有回手，他有点儿神情沮丧地回去了。

可是没过多久，只见小老鼠穿戴整齐，新换上了一顶好看的帽子，又出现在白鼻子小狼跟前了。

白鼻子小狼很奇怪，他问小老鼠："你怎么打不怕，你怎么总这么乐呵呵的？"

"今天我应该愉快！"小老鼠挺有礼貌地说，"你瞧，今天的太阳有多好，而且又是个春光明媚的太阳，而且又是个鲜花盛开时的太阳，我不应该出门走走，享受一下这明丽的阳光吗？一年能有几个这样的好天气呢，为什么不能把烦恼搁在一边呢？"

"是呀。"白鼻子小狼抓抓自己的脑袋说，"我怎么没想到，我应该和你一起去享受一下这美好的天气呢？"

"这还用问吗？"小老鼠自信地说，"我邀请你！"

白鼻子小狼把他的烦恼一股脑儿扔在家里，他也穿戴整齐地和小老鼠一起出门了。

　　和暖的阳光晒得小狼心花怒放，他们在森林的草地上玩游戏、野餐。他们还用清亮的小溪水洗脸洗脚，还在灌木丛里，采到许许多多又香又甜的红草莓。

　　小狼从来没有这样开心过，他对小老鼠说："谢谢你，好朋友，你真救了我，要不我会气死，憋死的。"

　　"你不为你的成绩恼火了吗？"

　　"还有点儿，不过好多了。"

　　"你不想去找你的竞争对手狐狸阿珍姑娘打架了吗？"

　　"当时想过，现在不想了。"

　　"你不想撕掉你的考卷了吗？"

　　"当时想过，现在不想了。"

　　"你不想揪你自己的头发，用脚踢自己的屁股了吗？"

　　"当时想过，我揪过自己的头发，但踢不到自己的屁股。"

　　"你不想再去欺侮一只无辜的过路老鼠，来出出你的气吗？"

　　"当时干过，现在不想了。我向你道歉，请原谅一只不幸的狼的臭脾气！"

　　"看来，好天气和大森林治好了你的狂躁症和你的嫉妒病。"

　　"是治好了我的病，我现在能冷静地想一想，找到失败的原因，下次会考得很好的。"

　　"你真了不起！你很聪明，我想你是能赶上狐狸阿珍姑娘的。"

　　"谢谢你的鼓励，我觉得你更了不起，你是一位诗人，或者是一位哲学家吗？"

　　"不是，我是一只普普通通的小老鼠，只不过我爱好心理学。"

　　"怪不得，你的心理治疗棒极了，你是哪个大学毕业的，也许是个博士吧？"

　　"不，我是自学成才的。"

"这更了不起！"白鼻子小狼抓抓脑袋，对小老鼠说，"我能提个要求吗？"

"你不会是要再打我一顿吧？"

"不会，绝对不会，我会改掉我的粗鲁毛病，我感激你——"

"你不会提出要拥抱我吧，我最怕别人的拥抱，我会给闷死的。"

"不，我只是想让你同意我，我想拉开嗓门儿唱一支歌，我的歌有时有点儿怕人，我还想跳一支舞。"

"太好了，我也这么想。我们别辜负了这么好的天气和森林！"

白鼻子小狼和小老鼠一起，又唱又跳：

> 享受好天气——
>
> 这个幸运谁能比
>
> 在草地上打个滚
>
> 撒个野
>
> 再爬起
>
> 快快乐乐，快快乐乐
>
> 就能抓住
>
> 一个
>
> 好时机！

爱打洞的鼹鼠莫索

有一只小鼹鼠叫莫索。

他最爱在地下摸索着打洞。

地下很暗，什么也看不见，小鼹鼠总是凭着自己的感觉，往东、往南、往西、往北地打着洞。

每当他把洞挖出了地面，他都会跑出地洞，瞧瞧四周美丽的风景，吸一口新鲜的空气，这是他最快活、最享受的时候。

要是在洞外，正巧有一棵苹果树，或者是梨树，就更好了。掉在地上的苹果和梨，能让他饱餐一顿，还能挑几个好的，带进洞里。这时的莫索，是全世界最快活的鼹鼠。

不过，在地下打洞，有时是很冒险的。

有一次，他把洞打到了狐狸的家里，狐狸正饿着肚子，愁没有东西下锅。小鼹鼠差点儿让狐狸逮住，丢进汤锅里。

还有一次，他把洞打到了一只黑熊的洞里，黑熊怒气冲天，尽管小鼹鼠莫索连连说对不起，并保证把洞口重新填上，但是黑熊还是伸出手，给了小鼹鼠重重一巴掌。幸好小鼹鼠躲得快，那巴掌落在离他一点点远的地方，就像发生一场地震，震得洞顶的泥土直往下掉，小鼹鼠抱着脑袋赶快逃走……

那一天，小鼹鼠莫索打洞的时候，在洞外草地上意外地发现了一只大蘑菇。小鼹鼠采下蘑菇，把它拖进洞口，他想再打个洞，或许能挖出一条离他家最近的道。可是他挖了不多远，只听见扑哧一声响，小鼹鼠已经把脑袋伸进了田鼠巫婆的家。

田鼠巫婆正坐在一把古老的摇椅上，在灯下读着她的魔法书。

小鼹鼠吓坏了，连连说："对不起，对不起，打扰了，我不是有意的……"

为了向田鼠巫婆表示歉意，小鼹鼠把那只大蘑菇留给了田鼠巫婆，并用最快的速度，把刚才挖出的洞口填上了。可是等小鼹鼠刚一转身，只见被填上的洞又被打开了，田鼠巫婆走了过来说："对不起，我也打扰你一下！"

田鼠巫婆来到小鼹鼠莫索身边，说："你是一只讲礼貌、很懂规矩的小鼹鼠，我不能白要你的蘑菇。"

说着，她轻轻念动咒语，摸了摸小鼹鼠莫索毛茸茸的小脑袋说："去吧，勤劳的、懂礼貌的小鼹鼠，你会更愉快的！"

从此，小鼹鼠莫索有了一个特别的本领，他可以一边挖洞，一边竖起耳朵听、拱起鼻子闻，假如他听到不远处有兔子在说笑，或者闻到黑熊在烤玉米饼的味道，就知道前面有人家，他会很快转个方向，这样就不会打扰别人了。

要是听到不远处有泉水叮咚、树叶沙沙响，或者闻到野花和果子的香味，洞外一定有着美丽的风景……

每当鼹鼠莫索在洞外享受风景，吃着甜甜的果子时，他都会说："我要谢谢田鼠巫婆，我也不会忘记讲礼貌、懂规矩带给我的好处！"

爱读报的狮子

狮子先生每天吃完早饭后，第一件事便是坐在院子里的大树下，读当天的报纸。不过，狮子先生有个习惯，总是喜欢大声地念着报纸上的消息。

有一天，刺猬两兄弟走过狮子家院子前，听到狮子先生正在大声读报。他们在墙边听了很久，觉得报纸上的消息很有趣。

刺猬两兄弟很喜欢把从狮子先生那儿听来的消息，告诉森林里的伙伴们。可是，不知是刺猬两兄弟的耳朵不太灵，还是狮子先生有时口齿有点儿含混，刺猬两兄弟传出去的消息，常常会走样。

有一天，狮子先生正想读报，突然听到门外有人敲门，打开门一看，是小兔站在那里。他问："狮子先生，听说森林里出了一个长着两个脑袋的猴子，他在哪里？"

"什么？长两个脑袋的猴子？我从来没听说过！"

"听别人说，是你从报纸上读到的。"

"什么呀，我怎么越来越不明白了。"狮子先生打开昨天的报纸看了一下，笑着说，"哦，昨天报上有条消息说，森林里新诞生一只小猴子，他的脑袋挺大，差不多有平常小猴子的两个脑袋那么大。这怎么会是两个脑袋呢？"

"对不起，我明白了！"小兔走了。

随后，小熊、小鹿、小松鼠都来敲门问这件事。

又有一天，一大群朋友拥到狮子家院子前，问狮子先生："听说，二十里外山洪暴发了，洪水会不会冲到我们这里来？"

"没有啊，没有这回事。"狮子先生吃惊地说。他突然明白了，原来他刚才读报读到"二十年前森林里曾经发过一次洪水"。

"一定是有人听错了我读报的内容！"狮子先生笑着指着他手上的报纸说。

"是小刺猬哥儿俩说的！"狐狸太太有点儿气愤地说。

"这不怪他们，也许是他们离我远了点儿，也许是我读报的声音有点儿含混不清。看来大家很关心报上的消息，从今天起，我就坐在院子外的大榆树下给大家读报，好吗？"

"好，太好了！"大伙儿一起拍手说。

从此，每天早上，刺猬两兄弟都会帮狮子搬板凳，送茶水。

狮子先生读报的声音非常响亮、清楚，报上的消息呢，都能一字不漏地传进大伙儿的耳朵里……

豪猪先生和谁赛跑

豪猪先生平时走路慢条斯理的。他踱着平稳的脚步，仿佛一直在思考着什么。他是一位诗人，是一位有名的哲学家。

可是，今天大伙儿看到的豪猪先生不同往常，他急匆匆地奔跑着，眼睛直盯前方，连熟人和他打招呼他都好像没看见。

小松鼠说："豪猪先生在和谁赛跑？他在和风赛跑吧……"

"不，"小兔说，"他准是把什么重要的东西丢了，正急着去寻找。"

小狐狸说："他一定是出了门才想起家中的炉子上还烧着什么东西呢！"

"依我看——"小鸭子黄毛儿挺自信地说，"豪猪先生是急着上厕所。"

可是细心的小刺猬看见了，豪猪先生一面奔跑，一面嘴里还咕哝着什么。

小刺猬把大伙儿请到豪猪先生的家门口。他们一起耐心地等候着。果然，不一会儿，豪猪先生出来了，他手中还拿着一张纸。豪猪先生给大伙儿朗诵了一首诗，这是他刚才在路上捕捉到的一首妙极了的诗，谁听了都会拍手称赞的。

豪猪先生刚才散步时，脑子里闪现出了这首诗，因为怕它溜掉，豪猪先生和这首诗赛跑，及时跑回家里，把它记录在稿纸上。要是晚了一步，这首好诗便会从他的脑子里消失得无影无踪。

大家用热烈的掌声，祝贺豪猪先生终于追上了这首好诗。因为这首好诗，现在不仅属于豪猪先生，也属于大家……

棕熊先生的开心早茶

　　早上，棕熊先生给自己泡了一壶果味茶。开水冲进壶里，他瞧着沸水在壶里直冒泡泡，渐渐变成橙黄色，心想，这一定是壶香喷喷的美味茶。

　　棕熊想起，昨天他刚买来一罐蜂蜜。超市售货员鸵鸟太太告诉他，这是一种散发着紫云英花香味的蜂蜜，味道很不错。棕熊连忙从屋里的食品柜上拿下一只罐子，他一边听着收音机里的体育新闻，一边打开这只罐子，舀了大大的一勺放进那只漂亮的茶杯里。他倒了一杯果茶在杯子里，开始品尝起来。

　　早上的体育新闻让他很激动，因为他的好朋友神风兔又获得了短跑第一名。可是，这早上的果茶却让他很失望，放了那么多蜂蜜，怎么茶里没有甜味？棕熊用小勺使劲儿搅了搅杯子里的茶，他喝了一口又一口，还是没有一点儿蜂蜜的甜味，反而有股怪怪的味道呢。棕熊跑去问邻居。

　　住在左边的鹅太太告诉他，她家的紫云英蜂蜜甜极了；棕熊再去问他右边的邻居河马先生。河马先生正在饮早茶，见棕熊来了，他举起手中的茶杯说："棕熊先生，早上好！我的果茶里放了紫云英蜂蜜，又甜又香，要不要来一杯？"

　　"不用了。"棕熊一边回答，一边从河马家退出来。他来到街角的那家超市，看见鸵鸟太太正在向一只刺猬介绍"洁齿棒牙膏"。

　　鸵鸟太太说："这牙膏棒极了，味道很好闻，洁齿去污的能力特别强！”

“别信她的。”棕熊说，“昨天她也是这样向我热情介绍的，可是她卖给我的紫云英蜂蜜却一点儿甜味都没有。”

听了棕熊的话，鸵鸟太太气愤极了，她挥舞着手中的那支大号牙膏，就像挥舞一根棍子似的，几乎都要打到棕熊的头上了。

“我从来不说假话，我店里的商品都是货真价实、品质一流的，你的蜂蜜怎么可能不甜呢？准是你的嘴巴和舌头出了问题！”

“就是不甜，不信你可以去尝尝！”

“走吧，我倒要看看你的蜂蜜怎么可能不甜。”

棕熊带着鸵鸟太太去了他家，小刺猬也跟在后面看热闹。

来到棕熊家里，棕熊端起茶杯又喝了一大口，说：“你，你，你尝……”他感到说话非常吃力。

他想说：“你尝尝这茶有一点儿甜味吗？”可是他激动得连话也说不出了。

鸵鸟太太不忙着喝茶，她从棕熊先生家的食品柜上拿下了蜂蜜，那罐蜂蜜根本没有打开。

鸵鸟太太生气地说道：“你真会开玩笑，连蜂蜜罐子都没有打开，就嚷嚷我的蜂蜜不甜了！”

“谁，谁，谁说的……”棕熊吃力地说着。

这时，跟随而来的小刺猬发现，在这罐蜂蜜旁边，还放着另一只罐子。小刺猬把罐子从食品柜上拿下来一看，上面写着——“牢固牌胶水”。

“天哪！”小刺猬紧张得全身的刺都竖了起来，“棕熊先生别是把胶水当成蜂蜜了吧？”

这时，棕熊紧闭着嘴，一句话也讲不出来。

“你犯了两大错误，”鸵鸟太太举起那只胶水罐一看，胶水还剩下半罐，“第一，你怎么可以把胶水放在食品柜里？第二，你放蜂蜜的时候怎么可以不仔细看看？照这样下去，总有一天，你会把皮鞋油当牙膏用来刷牙的！"

这时棕熊望着鸵鸟太太，仿佛有什么重要的话要说，可是又张不开嘴。

小刺猬发现棕熊的脸憋得红红的，他惊叫起来："糟糕，棕熊的嘴巴让胶水给粘住了，我们得救救他！"

鸵鸟太太连忙从食品柜的抽屉里，拿出一把不锈钢的汤匙，使劲儿把棕熊的嘴巴撬开，她让棕熊用牙咬住汤匙，以防嘴巴被粘得更牢。

小刺猬猛然看到，鸵鸟太太的另一只手上还拿着刚才向他推荐的"洁齿棒牙膏"，小刺猬指指牙膏说："鸵鸟太太，试试你那'洁齿棒牙膏'的去污能力吧，快让棕熊先生刷刷牙！"

"好主意！"鸵鸟太太二话没说，把棕熊拖进卫生间，她请小刺猬帮忙，在牙刷上挤上很大一段"洁齿棒牙膏"，让棕熊刷起牙来。

刷呀，刷呀，棕熊刷得满嘴白花花的，他一连刷了八次牙，才张嘴说出了第一句话："鸵鸟太太，你的牙膏果然棒！"

他吧嗒吧嗒嘴说："我确实曾用皮鞋油刷过牙，皮鞋油的难闻味道也一直留在我嘴里，这下可好，这些味道都没有了。"

听了这话，小刺猬笑得腰都直不起来了。

棕熊很不好意思地请两位好心朋友坐下，并重新泡了一壶果味茶。棕熊在鸵鸟太太和小刺猬的茶杯里，都舀上大大的一勺蜂蜜，这次他看清楚了，这是一罐真正的蜂蜜。

他往自己的杯子里也舀上一勺。

冲上热腾腾的果味茶，三个朋友举起杯子抿了一口，说：

"真香！"

"真甜！"

"真好喝！"

棕熊又吧嗒吧嗒嘴说:"谢谢你们两位,要不我现在嘴巴肯定被粘得牢牢的,别说喝茶,连张嘴说话恐怕都不能够了。"

"你以后可得小心点儿,"鸵鸟太太又喝了一口茶,说,"粗心和随便会给你带来麻烦的!"

"谢谢,我以后买来东西不会乱放一气了,我再也不会把胶水当蜂蜜,用皮鞋油来刷牙了……"

棕熊又品了一口茶,他对鸵鸟太太说:"你的'洁齿棒牙膏'真不错,我的嘴巴舒服极了,喝茶也特别有味道,我会买一支这样的牙膏,它太棒了!"

"我也要买一罐紫云英蜂蜜,这蜂蜜果茶味道好极了!"小刺猬又品了一口茶说。

"谢谢你们!"鸵鸟太太举起杯子说,"这真是一次开心的早茶。"

会说话的卷心菜

熊奶奶从地里摘来一棵卷心菜。

熊奶奶手拿菜刀,刚想把刀切下去,只听卷心菜发出"叽叽咕咕"的声音。熊奶奶吓了一跳,卷心菜里怎么会有声音?是自己耳朵出毛病了?她再仔细听,卷心菜真的在叽叽咕咕说着话。

熊奶奶喊了起来:"天哪,卷心菜在自言自语呢!"她侧着耳朵听了半天,也不知道卷心菜在说些什么。

她跑出门外,喊来了河马先生。河马先生竖起耳朵听了半天,也不知道卷心菜在说些什么。

熊奶奶又去找来了兔子先生。兔子先生竖起一对长耳朵听了半天，他说："卷心菜先生说的一定是外语，我没学过。"

这时，有位青蛙大婶路过这里，也来好奇地听听。突然，青蛙大婶尖叫起来："哦，我的宝贝，我的可怜的宝贝。"

兔子先生闹不明白，忙问："熊奶奶的卷心菜，怎么成了你的宝贝？你听懂了里面说的外国话了吗？"

青蛙大婶说："什么外国话，他根本不会说话。"

河马说："什么？你说卷心菜不会说话？"

"不是的。"青蛙大婶说，"这卷心菜里面是我的小宝贝，他失踪两个月了，那时候，刚从小蝌蚪变成小青蛙，只会叽叽咕咕叫，还没学会说话。"

熊奶奶一听可着急了，她赶快放下菜刀，用手把卷心菜叶子一瓣一瓣剥下来。

卷心菜越来越小，越来越小。最后，从菜心里发现一只小青蛙，正在叽叽咕咕地叫着呢。

原来，有一天，小青蛙在卷心菜的菜心里睡觉，睡呀睡呀，就让卷心菜给包了起来，一包就包了两个月。

熊奶奶为了庆祝青蛙大婶找到了自己的小宝贝，赶紧用卷心菜熬了一锅汤，请青蛙大婶和她的儿子吃。

小青蛙喝完汤，叽叽咕咕地叫着。

青蛙大婶说："我的小宝贝在称赞熊奶奶做的卷心菜汤真好喝呢！熊奶奶，谢谢你了。"

青蛙大婶高高兴兴地领儿子回家了。

熊奶奶呢，从这以后，每逢切卷心菜，总要先拍打几下，再用耳朵听听，她想会不会还有会说话的卷心菜……

从栅栏上面跳进来的客人

河马先生是一位好客的老爷爷。无论谁来做客，他都会热情招待。他会给客人送上甜甜的橙汁，他会给客人送来好吃的水果，他还会陪客人聊天。

可是今天怎么了？

当小兔子和小獾来到河马先生身边时，河马先生好像根本没看见似的。

小兔子说："河马爷爷，您好！"河马先生没有理睬。

小獾说："河马爷爷，您快乐吗？"河马先生好像没有听见。

树上的一只蓝尾巴小鸟说："河马爷爷，您没瞧见两位客人吗？"

"没有啊！"河马爷爷说，"我一直在窗口看着，没有客人从大门口进来呀！"

这时，小兔子和小獾都脸红了。

刚才，他们是比谁跳得高，从栅栏上面跳进来的。

两位小客人不好意思地走了出去，他们重新从大门口走进来。

这次，河马先生热情地欢迎了他们，他请两位小客人坐在桌子前，还给他们送上甜甜的橙汁。

趁河马爷爷转身去拿水果时，小兔子和小獾咬耳朵说："从栅栏上面跳进来的客人，是不受欢迎的！"

再见，蜻蜓老师

一只坐不住的小浣熊在河边钓鱼。

他钓了半天，连一条小鱼也没钓着。

妈妈说他太爱动了，鱼都被他吓跑了。可是有什么用呢，小浣熊就是爱动，也许他永远也钓不到鱼了。

就在小浣熊又一次把钓竿伸向河心时，发生了一件奇妙的事。

一只红红的小蜻蜓飞来了，她飞得那么轻盈，悄没声儿地停落在小浣熊的钓竿的尖上，一动也不动。她那透明的翅膀，她那圆鼓鼓的脑袋，她那细长的身子都一动也不动，仿佛原先就是长在竹竿顶上的。

小浣熊屏住气，也一动不动，生怕把小蜻蜓惊飞了。

不知过了多长时间，小蜻蜓早已经悄悄飞走了，可是小浣熊还是静静地坐着——

这时，河里的鱼漂动了，动了……

小浣熊把钓竿一甩，一条银白的鱼在半空中扑腾着。

这一天，小浣熊钓到了好多的鱼，当妈妈来叫他回家的时候，望着满桶的鱼，吃了一惊。妈妈问他是怎么一回事。

小浣熊笑了，他说："我找到了一位老师。"

这时，天已黄昏，晚霞映照在河水里，小浣熊向正在河心飞着的小蜻蜓招招手，说："再见了，我的蜻蜓老师！"

巫婆奶奶的扫帚

从前，有个会魔法的巫婆。她是个心肠挺好的巫婆，常常会给孩子们变一些有趣的东西，孩子们都喜欢她，叫她巫婆奶奶。

这一天，巫婆奶奶骑着她的那把大扫帚，从外面飞回来，她在院子里歇着。

巫婆奶奶很喜欢她的扫帚，这扫帚虽然和普通的扫帚一模一样，可是它有灵性，只要巫婆奶奶一念咒语，扫帚就能飞起来，载着她飞到远处去。

巫婆奶奶是个很快活的老奶奶，尽管飞了一天，她一点儿也不觉得累，相反，她感到自己还有很多劲儿没使完。她像个孩子一样，在院子里玩起扔扫帚游戏。

她把扫帚扔得高高的，然后再接住它。她一次比一次扔得高，每次接住扫帚时，她都哈哈大笑。

这次，她憋足劲儿，把扫帚扔得更高。突然，天边刮起一阵风，把巫婆奶奶的扫帚吹走了，巫婆奶奶着急地追出门去。扫帚落进远处一个小院子里。巫婆奶奶赶快追过去敲门。

开门的是一位有着白胡子的老爷爷，巫婆奶奶来不及说话就冲进院里。一看，她呆住了——院子里横七竖八地放着整整一百把扫帚，一百把一模一样的扫帚。

原来，白胡子老爷爷是专门为大伙儿扎扫帚的。

巫婆奶奶找了半天，也找不出自己的那把扫帚。

她把每一把扫帚看了又看，摸了又摸，哪一把是自己的呢？每一把扫帚都像，又都不像。

巫婆奶奶着急得哭了起来，巫婆怎么能丢失自己的扫帚呢？白胡子老爷爷也没办法，他也没法从一百把扫帚中，找出巫婆奶奶的那一把，这太难了。

很多看热闹的人围了过来。大伙儿七嘴八舌地为巫婆奶奶出了许多主意，可是没有一个是管用的。

这时，有很多孩子知道了这件事，也都关心地围了过来。

大人们板着脸，粗声粗气地吆喝着："小孩子别往跟前凑，没你们的事，真讨厌！"

有一个胖男孩和一个瘦女孩，还是使劲儿挤，挤到巫婆奶奶跟前，他们说："巫婆奶奶，我们有一个办法！"

"什么办法？"巫婆奶奶倒是很想听听孩子们的主意，她说，"你们说吧，我听着呢。"

胖男孩说："你念一念咒语不就得了，您的扫帚是有灵性的，它一听到咒语就会飞起来，可别的扫帚不会。"

"是的，这办法准能行！"瘦女孩也自信地说。

巫婆奶奶一听可乐了，她拍拍自己的脑袋说："瞧我呀，老糊涂了，这么简单的办法，我怎么没想出来呢？"

巫婆奶奶一念咒语，她的那把可爱的扫帚，就从一百把扫帚中飞了出来。

巫婆奶奶骑着她的扫帚在院子上空飞了一圈，她降落在孩子们的身边说："你们要什么报答？说吧，我会满足你们的！"

瘦女孩从自己的小辫子上解下一个蝴蝶结，系在巫婆奶奶的扫帚上，说："我们不要什么报答。有了这个蝴蝶结，您以后不用念咒语也能认出自己的漂亮扫帚了。"

"谢谢，"巫婆奶奶说，"孩子们是又聪明又好心的。"

"我想要一个报答！"那个胖男孩羞答答地说。

"说吧，不管什么，我都会满足你的！"巫婆奶奶说。

"请大人们以后和我们说话礼貌一些，别粗声粗气的，请他们也时常听听我们的主意！"小胖男孩一说完，所有的小孩们都鼓起了掌。

"这好办！"巫婆奶奶说完就念起了咒语。

据说，从此以后，这里的大人们对孩子们说话时都是和颜悦色的，他们再也不会粗暴地对待孩子们。而且，每当他们碰到什么难题，决定什么重大事情时，也从不忘记听听孩子们的意见。

据说，这里的孩子也变得越来越聪明，越来越可爱。

披着被单的国王

森林边上，有个很大的湖泊。湖泊边上有棵很高的树，树上有只很坏很坏的乌鸦。

乌鸦和湖里的坏鳄鱼勾结在一起，只要有谁来湖里游泳，她就在树上叫："湖里掉进一块蛋糕，味道一定挺好……"

这是乌鸦和鳄鱼约定的暗号。听到这叫声，坏鳄鱼就会冲出来，袭击那个游泳者，并把他吃掉。坏鳄鱼最后会吐出几根骨头，算是给乌鸦的酬劳。

那天，有只胖胖的小猪来到湖边，他不知道湖里有鳄鱼，就脱下衣服跳进湖里游泳。

乌鸦在树上叫着，可是鳄鱼在湖里打瞌睡。乌鸦一连叫了几遍，鳄鱼也没动静。

这时，有只小胖河马走过湖边，他看见小猪在湖里游泳，也跳下了水。可是还没等他拉开架势游泳，小河马的爷爷老河马赶来了，赶快拖起小河马，说："这里有危险！"

小河马被爷爷赶回了家，河马爷爷没有看见湖中的小猪，他一回头看见了岸边的衣服，以为是小河马留下的，就抱起衣服回家了。

小胖猪游得正开心的时候，坏乌鸦又大声叫了起来："湖里掉进一块蛋糕，不吃马上跑掉……"

鳄鱼打完瞌睡，听到乌鸦这一声怪叫，他瞧见了正在游泳的小胖猪。鳄鱼猛地游了过去。

这时，小胖猪游累了，他到了湖边正想上岸，回头看见一条鳄鱼追来，连忙冲上了岸。再一看，他留在湖边的衣服也没了。惊慌失措的小胖猪逃进湖边的树林，伤心地哭了起来。

这时，有四只小青蛙闻声赶来，问小胖猪为什么哭。小胖猪把自己刚才在湖里游泳差点儿被坏鳄鱼吃掉的事告诉了小青蛙。他还说，自己放在湖边的衣服也丢了，他光着身子没法回家。

四只小青蛙说小胖猪胆子真够大，他们把鳄鱼和乌鸦勾结在一起害人的事告诉了小胖猪。

那只最小的青蛙还说："自从坏鳄鱼和坏乌鸦来到这里，我们再也没法下湖游泳，我都快忘记怎么游泳了！"

这时，那只最大的青蛙说："我们还是帮小胖猪想想办法，送他回家吧！"

小胖猪说他家离这儿不是很远，他请四只小青蛙帮他回家拿衣服。

不一会儿，四只小青蛙赶回来，说在他家里没找到衣服，只好把他家床上的被单拿来了。

小胖猪这才想起，自己的衣服正晒在屋前的丛林里，他说："没关系，被单也行！"就把被单披在身上了。

那只最小的青蛙，还带来了小胖猪家一只漂亮的小篮子，以为那是小胖猪的帽子。小青蛙把小篮子扣在了小胖猪的头上。

小胖猪走回家去，四只小青蛙紧跟在小胖猪的后面，提着长长被单的两只角，不让它们拖在泥地上。

正在这时，一个山妖怪来到湖边钓鱼，他一瞧见湖边走着的小胖猪，以为自己碰见了一位国王，一位这里的湖泊之王——这位湖泊之王戴着漂亮的王冠，披着很威风的大斗篷，身后还有四位侍从紧跟着。

山妖怪非常惊奇，他十分恭敬地说："尊敬的湖泊之王，非常荣幸见到您，如果您有什么吩咐，我乐意照着去办！"

小胖猪扶了扶头上的"王冠"，压低嗓门说："祝你交好运，我会让你钓到好东西的。"

小胖猪抬头望着树上说："山妖怪呀，请用这树上的乌鸦当钓饵，你就会大有所获。请带着你从湖里钓到的好东西，回你的山洞慢慢享用吧！"

"是，我乐于遵命！"

山妖怪纵身一跳，就逮到了树上的坏乌鸦，他把坏乌鸦绑在鱼钩上当钓饵，抛进了大湖里。

这时，四只小青蛙一起压低嗓门，学着乌鸦的声调叫了起来："湖里掉进一块蛋糕，味道一定挺好……"

刚才让小胖猪跑了，坏鳄鱼正懊恼着呢。他一听到歌声就猛地蹿了出来，咬住了山妖怪的钓饵，于是，他的长嘴巴一下子让鱼钩钩住了。

山妖怪使劲儿把鳄鱼拽上了岸，他对小胖猪说："谢谢湖泊之王的指点，这条皮厚厚的怪鱼，够我吃上好一阵子了！"

山妖怪拖着水淋淋的鳄鱼走远了。

这时，河马爷爷抱着小胖猪的衣服又来到湖边，他的身后跟着小河马。

河马爷爷说："小胖猪对不起，刚才我不小心抱走了你的衣服。你可不能在这儿游泳啊……"

"放心游吧！坏鳄鱼和坏乌鸦完蛋了！"四只小青蛙把刚才发生的事告诉了河马爷爷，大家可高兴了。

"扑通、扑通、扑通……"

四只小青蛙和小胖猪、小河马接连跳进湖里，湖面激起一阵又一阵快乐的水花……

河马爷爷呢，坐在湖边帮他们看衣服。他看着六个小伙伴在湖里快活地扑腾着，觉得比自己下湖还高兴……

河马先生钓鱼

今天是假日，河马先生一早就起来在树下挖东西。

犀鸟小姐在树上向河马先生问好，她问河马先生在挖什么。

河马先生说："我太喜欢钓鱼了，挖点儿蚯蚓钓鱼用。"

犀鸟小姐祝河马先生钓到大鱼。

河马先生来到河边，嘴里不断地轻轻念着："不来小鱼不来虾，来条大鱼顶呱呱……"

这时，从小树丛里走出一群小青蛙。小青蛙们穿着游泳衣，扛着好看的救生圈，一边走一边唱着好听的歌。他们看见河马先生在钓鱼，都闭上嘴巴站着不动了。

河马先生说："快往河里跳啊，还等什么呢？小游泳健将们。"

一只青蛙说："我们跳下河，会把鱼惊跑的，那样您就钓不到鱼了……"

"没关系。"河马先生收起钓竿，说，"你们游泳，我当裁判！"

热闹的比赛开始了，河马先生把手帕绑在竹竿上当小旗，挥舞着。青蛙们听到口令，一个个跳下水。一只结实的小青蛙夺得了冠军，河马先生把自己带来的草莓送给他当奖品。小青蛙们排着队，招着手，和河马先生说再见。

小河恢复了平静，河马先生又拿起钓竿钓鱼了。

河狸头顶着一筐东西来到河边。

她看见河马先生在钓鱼，就想往回走。

河马先生说："河狸太太，想洗东西吗？别客气，请——"

河狸不好意思地说："明天我过生日，要来客人，我想把窗帘和桌布洗一洗。"

河马先生收起钓竿，说："祝你生日快乐，洗吧，我来帮你忙。"

河马先生帮助河狸太太在河边的大树上，晾起一条条干净的桌布和窗帘。

这时，天近黄昏，晚霞满天。

河马先生收起钓竿，说："今天，我过得真愉快！"

河马先生扛着钓竿拎着小桶回家了。

犀鸟小姐看见了就问："河马先生，您钓到了好多鱼吗？"

河马先生笑了，说："我一条鱼也没钓到，不过我钓到了'快乐'，这真让我高兴！"

满头鲜花的熊

大黑熊非常爱吃蜂蜜饼。

有一天，他走过一棵大槐树，看见槐树的树洞里，有一只大大的蜜蜂巢，蜜蜂们飞进飞出，正在忙着酿蜂蜜呢。

大黑熊看着那只大蜂巢，嘴馋馋的。他想："那蜂巢里的蜂蜜，可以做多少个蜂蜜饼啊。"

大黑熊爬上树，想去偷蜂蜜。可他刚一靠近蜂巢，蜜蜂们就一起飞来蜇他，大黑熊的头上被蜜蜂叮出了一个个的肿块，他赶快抱着脑袋逃回家。

第二天，正好是黑熊的好朋友河马过生日。黑熊想："我满头都是肿块，怎么去参加好朋友的生日聚会呢？大伙儿见了会笑话我的。"后来，黑熊想出办法，他在头上的每个肿块上，都粘上一朵鲜花，这样伙伴们就看不出来了。

黑熊变成了一只满头鲜花的熊。

满头鲜花的熊刚走进河马家，就闻到厨房里传来胡椒粉的味道，忍不住打了个喷嚏。这一下，他头上的鲜花都掉了下来。朋友们看见满头肿块的熊，知道馋嘴的熊去偷过蜂巢里的蜂蜜了。

河马和朋友们没有笑话黑熊，他们把生日宴席上的蜂蜜饼都省给黑熊吃，让他解解馋。

黑熊边吃蜂蜜饼边说："我以后再也不去偷蜂巢里的蜂蜜了！"

河马和伙伴们都笑着说："那样，你再也不用装扮成一只满头鲜花的熊了！"

爱探险的穿山甲

　　小穿山甲是个男子汉。

　　他爱运动，还爱旅游和探险。不过，他有个缺点，就是做事有点儿丢三落四，常闹出一点儿笑话来。爸爸批评他，同学们责怪他，可小穿山甲认为这只不过是个小毛病，有啥大惊小怪的。

　　这一天，小穿山甲在门前的小山坡上做游戏，忽然一阵大风过后，一个圆盘似的东西降落在他面前。

　　"啊，是飞碟，是天外来客！"小穿山甲从画报上见过飞碟，他兴奋极了，使劲儿地捶打着飞碟的舱门。

　　舱门打开了，走下一个大头人怪物——这大概就是外星人了。他问小穿山甲："我来自 C3 号星球，你愿意跟我去探险吗？"

　　"愿意，我也要成为天外来客了！"小穿山甲高兴极了，他边说边往飞碟上爬。可是飞碟刚一离开地球，小穿山甲就嚷了起来："停一停，停一停，我早饭还没吃，我要吃奶奶亲手做的蚂蚁馅饼。"

　　是呀，到了天外到哪里去找这么好吃的馅饼呢？

　　飞碟返回地球，小穿山甲跑回家里拿来馅饼，飞碟又离开了地球。突然，小穿山甲又嚷了起来："快回去，快回去，我脚上还穿着拖鞋呢，这样去做客多不礼貌。"飞碟又返回地球。

　　小穿山甲回家换上一双登山鞋，飞碟又离开了地球。小穿山甲忽然又嚷了起来："快回去，快回去，我得带支钢笔，我要记一下沿途见闻，还得给爸妈写信呢。"飞碟只得又返回地球。

当小穿山甲拿来钢笔的时候，飞碟不见了，只见原先停飞碟的地方，留下一张字条：

穿山甲先生：

看来，丢三落四、拖泥带水是不适合旅游、探险的。再说，这样下去我的燃料也肯定会不够的，再见！

爱旅游、爱探险的小男子汉穿山甲，拿着这张字条在山坡前哭了起来……

坐在书包上的小乌龟

开学第一天，背着小书包的小乌龟就在教室门口哭泣。

一只背着大书包的河马走过来问："小乌龟，你为什么哭啊？"

"我刚才坐在大灰狼边上，大灰狼说我是乌龟小不点儿，他还打我，我不愿意和他一起坐。"

"那我们坐一起吧，大个子河马和小个子乌龟会成为好朋友的。"

"你不会欺负我吧？"小乌龟望望个头大大的河马说。

"不会。以后大灰狼再欺负你，你就说大个子河马是你的好朋友，看他还敢欺负你吗？！"

"我可以这样说吗？"

"当然可以……"

小乌龟高高兴兴地和大河马坐在一起。

傍晚放学的时候，大河马对小乌龟说："我们两家离得不远，你就坐在我背上的大书包上面，我会把你送回家的，这样你就可以快一点儿吃到你妈妈做的香喷喷的饭菜了。"

"可以这样吗？"小乌龟有点儿喜出望外。

"当然可以，不过我们回家有两条路可走，一条是桃花道，一条是橘林路，走哪条路好呢？大个子应该听小个子的。"

"听我的吗？我要走橘林路，这个季节橘花开了，一路上好香好香的……"

小乌龟背着小书包，他坐在大河马背的大书包上面，他们一面走一面闻着橘花的香味，小乌龟乐得拍手唱了起来：

橘花香，橘花香，

小乌龟好像

坐在山坡上……

当他们走过大灰狼的身边时，大灰狼瞧着河马背上的小乌龟，说了声："哦……"

23-7-55 XJC